# 创新型经济与金融结构发展研究

周嫔婷　付坤◎著

燕山大学出版社
YANSHAN UNIVERSITY PRESS

图书在版编目（CIP）数据

创新型经济与金融结构发展研究 / 周嫔婷，付坤著 . —秦皇岛 : 燕山大学出版社，
2023.10

ISBN 978-7-5761-0573-5

Ⅰ . ①创… Ⅱ . ①周… ②付… Ⅲ . ①金融结构－关系－经济增长－研究－中国
Ⅳ . ① F832 ② F124

中国国家版本馆 CIP 数据核字 (2023) 第 207820 号

# 创新型经济与金融结构发展研究
CHUANGXINXINGJINGJI YU JINRONG JIEGOU FAZHAN YANJIU

周嫔婷 付 坤 著

| | | | |
|---|---|---|---|
| 出 版 人：陈 玉 | | | |
| 责任编辑：宋梦潇 | | 策划编辑：裴立超 | |
| 责任印制：吴 波 | | 封面设计：饶清芝 | |
| 出版发行：燕山大学出版社 YANSHAN UNIVERSITY PRESS | | 电 话：0335-8387555 | |
| 地 址：河北省秦皇岛市河北大街西段 438 号 | | 邮政编码：066004 | |
| 印 刷：涿州市般润文化传播有限公司 | | 经 销：全国新华书店 | |

| | | | |
|---|---|---|---|
| 开 本：170mm×240mm 1/16 | | 印 张：9 | |
| 版 次：2023 年 10 月第 1 版 | | 印 次：2023 年 10 月第 1 次印刷 | |
| 书 号：ISBN 978-7-5761-0573-5 | | 字 数：181 千字 | |
| 定 价：48.00 元 | | | |

# 前　言

改革开放以来，我国经济持续高速增长，人均收入水平不断提高。伴随着经济的高速增长，金融体系的规模不断扩大，金融中介、金融市场、金融机构数量不断增多，金融监管体系逐步建立健全，金融体制不断完善，逐步形成了多元化的金融结构体系。然而，自进入新时代以来，我国经济增速逐渐放缓，经济高速增长过程中长期积累的结构性矛盾已经逐渐显现。习近平总书记在中国共产党第十九次全国代表大会报告中指出："我国经济已经由高速增长阶段转向了高质量发展阶段。"与经济高质量发展相对应，金融体系也需要高质量发展，由规模扩张向结构优化转变，更好地服务实体经济，以满足经济高质量发展对金融的需求。为此，研究金融结构优化问题，对于我国金融和经济高质量发展有着重要的意义。

与此同时，在全球经济高速增长的背景下，环境和资源的承载能力日益遭受挑战，环境污染和资源匮乏问题已经摆在我们眼前，而这一问题也进一步影响着人类社会的活动和发展。世界各国学者纷纷对造成这种现象的原因进行剖析，积极地探求解决问题的有效途径，其主要目的是协调资源和环境的关系，为经济发展找出路，更是为了人类社会的可持续发展。在经济和社会发展、资源勘探和环境之间，人们寻求到了最佳选择——"循环经济"。在建设和谐世界、和谐社会中，循环经济模式具有重要的地位。我国作为发展中国家，经济飞速增长，然而，资源浪费、生态环境不堪重负等问题也随之而来。为此，要转变经济发展方式，必然的选择就是大力发展循环经济。唯有如此，才能实现我国经济、社会的可持续发展。

随着科学技术的发展和经济水平的提升，人类已经逐渐由崇拜自然转向了征服自然。人类将科学技术当作征服自然的利器，把自然界的资源当作取之不尽用之不竭的大矿山，肆意开采挥霍。竭泽而渔的做法终于导致了自然的大规模报复，环境污染、资源短缺、气候恶劣、生态失调等一系列问题日益严重。为了使人类社会能够更加长远地发展，我们必须合理解决人类与自然的矛盾，要寻求一种有效的发展方式让经济效益与生态效益达到和谐统一，循环经济的理念在此背景下应运而生。循环经济旨在通过"资源—产品—废弃物—再生资源"的闭合循环经济模式，在保证经济效益的前提下，最大限度地减少资源的耗用及对自然的破坏，实现经济、自然与社会的共赢。自 20 世纪 60 年代以来，循环经济的理念已被各国广泛认可。日本及欧美都在不同程度上引入了循环经济的理念，将发展循环经济作为实现环境与经济协调发展的重要途径，并将其上升到国家立法层面。通过法律和制度建立循环经济机制，保障循环经济发展，以推进循环型社会的建设。

在当前我国复杂多变的经济发展环境和形势下，经济下行压力日渐加大，我国经济增长速度也发生了变化。这也进一步要求我们对经济及金融现状进行全新分析。本书从社会主义市场创新经济分析入手，用新角度看新问题。从经济发展角度看金融结构现状，从而推动金融结构转型。新型经济离不开科技创新，本书在传统经济理论分析基础之上加入了科技创新的元素，分析科技创新对金融结构以及经济发展乃至循环经济发展中所起到的作用。本书后几章节从企业战略成本、企业价值链、供应链以及企业环境成本入手，对循环经济进行全方位分析，从而对新型经济进行了有价值的补充。

# 目　录

# 第一章　社会主义市场创新经济的特点

首先，中国市场经济的创新发展不是遵循市场原教旨主义，而是根据本国国情，坚持把马克思主义政治经济学的基本原理和中国经济体制改革的具体实践相结合，独立自主并创造性地进行制度选择与制度安排，形成内生性和创新型的制度变迁轨迹，由此避免了强制性的制度移植输入和制度外部依附所带来的灾难性后果。其次，由于中国进行市场经济体制改革初始条件的特殊性和改革现实基础的不可逆性，使得中国的市场经济体制改革只有从最初的"摸着石头过河"到"小步舞曲"再到"大刀阔斧"这样一个渐次的演进，同时把自下而上和自上而下的改革相结合、把增量改革和存量改革相结合，才能达到改革的目的。再次，价格改革既是经济体制改革的重要组成部分，又是关键环节，价格改革的全面展开，为发挥价值规律的调节功能、建立社会主义市场经济体制发挥了关键性作用。最后，我国社会主义市场经济的创新发展，本质上是社会主义制度的自我发展完善，这就需要坚持生产力标准和价值标准的有机统一，从而实现社会主义制度优越性和市场配置资源有效性兼容结合，形成具有中国特色和"本土化"制度创新模式的市场经济。

## 第一节　市场化改革中创新型制度的衍变

### 一、注重制度建设"破旧"与"立新"的动态磨合

我国社会主义市场经济体制的创建和发展是在特定的经济、政治、文化、法律的框架内进行的，也是对传统计划经济体制的辩证扬弃，多种因素的相互交织和综合作用使得从放弃旧规范到确立新规范的制度变迁与创新具有自我强化的倾向。因而，从理论上讲，推动我国从传统计划经济体制转向现代市场经济体制就需要"破旧"与"立新"的同步协调，避免传统计划体制被打破而新的市场体制没能及时确立出现的制度真空。

事实上，我国在建立、发展、完善市场经济体制的过程中，一直注重制度

建设"破旧"与"立新"的动态磨合。比如,在打破传统计划经济体制的束缚、建立社会主义市场经济体制的过程中,既强调要发挥市场配置资源的决定性作用,又要注意到市场机制存在自发性、盲目性、滞后性等内在缺陷,要求"更好发挥政府作用",不断创新和完善政府的宏观调控。在所有制方面,通过破除"一大二公"的传统公有制经济体制,鼓励多种所有制经济共同发展,进而不断丰富市场经济活动的微观主体,但在这一过程中,要始终强调坚持公有制的主体地位不动摇,以确保市场经济发展的"社会主义方向"。尤其是党的十八大以来,不同所有制的"磨合"发展,为混合所有制经济的发展提供了广阔空间。在收入分配的改革过程中,为打破传统计划经济条件下的平均主义分配政策,改革初期通过某些差别化的政策待遇,让一部分人和地区先富起来,使市场发展生产力的优越性逐步得到大多数社会成员的认可,进而凝聚改革共识、形成改革动力;但随着我国市场经济体制改革发展到一定阶段时,收入分配的明显特征表现为收入差距扩大,这时我国政府又强调"先富带动后富",并把"共同富裕"作为社会主义的本质要求。尤其是我国经济发展进入新常态以来,为更好地体现市场经济的社会主义属性,我国不断加大收入分配制度改革,强调要"坚持以人民为中心"的发展思想,并把共享作为"新发展理念"的出发点和落脚点,由此带动相关体制机制的发展完善。总之,中国市场经济体制改革从制度变迁的性质上说,是在坚持和发展中国特色社会主义的前提条件下,以建立社会主义市场经济体制为目标而进行的一场社会经济制度变迁的实践。

## 二、从单项制度变迁向制度结构变迁演进

在我国市场经济体制建立和发展的初期,为打破传统计划经济体制的束缚,确立市场化的改革取向,党和政府每年都制定了相关法律法规并出台了若干政策措施,但本质上是各个相互独立的单项制度变迁,各项制度安排和政策措施之间缺乏相互关联,没有形成一个有机统一体和制度创新群。比如,在国企改革初期时,单纯强调承包基数、分成比例,单项突出"松绑放权""扩大企业自主权",注重企业、上级主管部门与财政部门的谈判博弈,这是在我国经济体制改革从一开始就缺乏可资借鉴的成功经验、只能在"摸着石头过河"的情况下所采取的不得已的举措。但随着党的十四大的召开,以及党的十四届三中全会通过的《关于建立社会主义市场经济体制若干问题的决定》的颁发与执行,明确肯定市场在政府宏观调控下对资源配置起基础性作用,进一步放大市场机制的作用空间。在此基础上,我国开始建立健全现代企业制度,稳步推进价格、土地、财税金融、外汇管理、投融资、收入分配以及社会保障等各项制度的配套改革,这些改革举措是对前期改革内容的延伸和拓展,突出不同领域改革之间的协同配套和系统性安

排，较好地促进了我国市场体制的建立与发展，这标志着中国经济体制改革的制度变迁开始从单项制度变迁向制度结构变迁转移，也使我国市场经济体制的框架得以形成。

### 三、宏观经济制度变迁与微观经济制度变迁同步进行

在我国市场经济体制的创新发展过程中，当微观层面的改革取得初步进展后，宏观层面的约束就随之突显出来，主要表现为各种宏观信号的失真，市场化程度提高的微观主体无法做出合理的反应，加速推进宏观改革由此提上日程。于是，改革主要着眼于矫正微观信号的扭曲，使宏观政策环境与市场配置资源的机制和微观经营制度的改革相协调。因而，在中国市场经济体制的发展过程中，许多制度变迁都呈现出从宏观领域到微观领域的跨越性变迁特征，这主要表现在建立健全宏观调控体系的过程中对财税体制进行的相关改革。

一方面，中国的财政体制改革，始自 20 世纪 80 年代初，从中央对地方的放权让利入手，实施中央与地方"分灶吃饭"的财政包干制。随后按照建立社会主义市场经济体制改革的目标，于 1994 年在中央和地方财政之间实行分税制改革，分税制后，政府分配关系开始步入企业照章纳税、税后利润按出资者比例分配、企业自主经营、自负盈亏的轨道。国家对国有企业的扶持转向主要依靠调整国有企业投资方向和投资收益分享比例来实现。可见，分税制进一步淡化了政府与企业的行政隶属关系，规范了政府分配行为，而且还公平了各类企业的税负，促进了企业间的平等竞争，有利于建立现代企业制度；在推进分税制改革的同时，我国还建立了比较正式的中央对地方的转移支付制度，这种变化是以税收机构的地方基层组织的制度变迁为前提的。20 世纪 90 年代末，政府探索实行公共财政体制改革，围绕这一改革，逐步增加了义务教育、公共卫生和基本医疗、基本社会保障等基本公共服务领域的支出比重，这一财政体制改革不仅有利于弥补市场的内在缺陷，而且能够反映微观经济主体对市场的灵敏度。另一方面，税收体制改革近年来又有了新的进展，包括增值税从生产型向消费型的转变以及增值税扩围改革，统一内、外资企业所得税，完善资源税和实施成品油税费改革，推行物业税试点等，这些税收制度的变迁势必引起企业制度和企业财务制度的相应变迁，为微观市场主体的经济活动创造良好的环境。

## 第二节　从生产力角度推动市场化改革推进

### 一、以渐进方式稳步推进市场化

改革开放 40 多年来，中国经济持续保持高速增长并保持了稳定的局面，与

中国实行渐进式的市场经济体制改革密不可分。所谓渐进式改革，就是指在向市场经济过渡时采取累积性的边际演进的转换模式。这种改革采取先易后难、先表后里的方式，在旧有制度框架内审慎推进改革，具有在时间、速度和次序上的渐进特征。也因为如此，新旧体制在一段时期内的并存是渐进式改革的重要特征。而对旧体制的容忍，一方面是在改革初期适当维护既得利益者，以减少改革所面临的社会阻力；另一方面，新体制的成长不会在一夜之间完成，因此这也是平稳过渡的需要。

我国的社会主义市场经济体制改革，是在社会主义基本经济制度范围内进行的"第二次革命"，这是一场根本性的变革，涉及经济运行的各个环节、社会生产的各个领域。这就使得我国的市场经济改革不可能一帆风顺，也不可能一蹴而就，它需要党和政府从宏观上进行整体把握，在保持社会稳定的前提下稳步推进，渐次展开。亦借于此，中国的渐进式改革方式突出表现为先试验后推广（或者说"摸着石头过河"），这种"先试验后推广"的改革方法是先在较小的范围或局部区域内设置商品市场改革的试点，通过分领域、分地区、分部门、分行业各个突破，逐步推进，进而在改革取得成果并总结相关经验的基础上加以逐步推广。也就是说，中国在从传统计划经济转向现代市场经济的过程中并没有事先规划好的蓝图，而是在政府的主导下逐步修正经济改革的目标走向，这与在转型前就有一整套设计方案的激进式改革相比，有着明显不同。事实上，我国经济改革目标的确立也正是采取这种先试验后推广的非均衡推进战略来实现的。中国在1978年开始改革开放时，并没有一个明确的目标，仅仅认为应该承认市场作用并利用市场调节，1984年中共十二届三中全会提出要建立"社会主义商品经济"，直到1992年中共十四大才明确提出经济转型的目标是建立"社会主义市场经济体制"。

总之，渐进式改革以开"天窗"式的局部试验开始，形成市场"包围"计划，通过局部推进到整体实行的相结合的改革路径，最后实现经济体制的整体转变。试验推广的最大好处，就是避免了全面推行可能带来的巨大阻力、压力和风险，保持了改革的稳步推进。因为，渐进式改革采用循序渐进、先易后难的改革举措，能够保持前一个发展阶段所创造和积累的社会资本和集体资本，并且能将这些资本运用于经济效益较高的领域中，促进资源的优化配置；同时，渐进式改革对于计划经济原有的部分（存量部分）不做大的改变，改革着重在增量部分进行，这也降低了改革的风险性，有利于我国经济发展的市场化推进。

## 二、自下而上和自上而下的改革相结合

在中国从传统计划经济体制转向现代市场经济的过程中，转变轨迹大致表

现为：民间市场因素自下而上与国家（政府）自上而下的推动相结合，且以国家（政府）的推动为主导。这是中国市场经济创新发展的又一特色所在。

从自下而上的角度来看，我国的市场化改革，率先从计划体制比较薄弱的农村起步，逐步向城市推进。就经济体制变革而言，农村改革的重大意义在于，它以农村经济发展的巨大成就，证实了传统计划经济体制对当时中国生产力发展的阻碍性，加速了自然经济的解体，进一步肯定了商品经济的充分发展是不可逾越的，初步反映了农民对剩余产品的支配权就是现代市场经济理论所揭示的个人产权，由此开始确立个人产权在经济体制转轨中的基础性地位，农民开始成为独立的市场主体。这样一来，农民剩余产品的增加从根本上改善了农产品的供给，使得计划体制控制农民的重要渠道——粮食统购统销制度失去了存在的合理性，合同订购制度和其他农产品收购制度的放开，进一步确立了农民对其剩余产品的支配权和市场主体地位，从根本上动摇了传统社会主义排斥商品经济的理念。至此，农民基本完成了脱离旧体制向新的市场体制迈进的转变，成为重要的"体制外"力量，揭开了农村市场化、工业化的序幕。更为重要的是，随着农村改革的深入推进，农民有了经营自主权和对剩余产品的支配权，就产生了增加剩余的动力，随着剩余的不断增加，农民的资产积累也必然增加，其结果是带来了个体经济的蓬勃发展和乡镇企业的"异军突起"。到20世纪90年代，包括个体经济和私人企业在内的民营经济已成为推进我国市场化改革的又一重要"体制外"力量。

当代中国特色社会主义市场经济的创新发展，在尊重基层群众改革首创精神的同时，也始终拥护党和政府的统一领导。因为单纯的局部改革不仅会彻底破坏现有的经济和政治秩序，造成社会的混乱和失控，而且具有很大的盲目性和破坏性。这就需要发挥党和政府总揽全局、协调各方的领导核心作用，从总体上对改革进程进行调控与把握，对于改革中的"硬骨头"，可以发挥政府的法理权威和公权力以减少改革阻力；同时，政府还可以将群众自发性创造的、被实践证明行之有效的经验方法变为方针政策向全国推广。

同时，由于中国市场经济的逆生性和市场主体意识的先天缺失性，决定了我国市场经济的发展道路只能走一条不同于西方发展模式的"中国特色"之路。自十一届三中全会尤其是党的十四大以来，我国才开始逐步建立市场经济体制，因而我国的市场经济时间较短且各方面尚不完备，加之地区经济发展极不平衡，尤其是地广人稀、经济发展相对滞后的西部民族地区，它们的市场主体、产品市场、要素市场的发育程度以及法律制度等方面，都与理想化的市场经济运行所需具备的条件差距巨大。甚至在有的地区，自给自足的自然经济长期占据着主导地位，压根儿就不存在现代意义上的"市场"。在此情形下，就需要从产业选择和企业扶持等方面发挥政府的主导作用，这就意味着政府一方面需要运用强制性权力来促进市场发育、为市场机制充分发挥作用创造良好的体制环境；另一方面政府为了达到既定的政策目标，通过运用必要的政策工具来影响经济主体的市场预期，调整经济主体的市场活动，使我国的市场经济发展呈现出浓郁的政府主导型色彩。

### 三、从局部性改革到整体推进

相对来说，激进式改革是一种全面推进的整体改革战略，它更强调整体的变革；而渐进式改革则是一种局部推进的非均衡改革战略，它强调从局部向整体推进。中国的市场化改革是在社会主义宪法制度基础上进行的，其改革所要建立的新体制不是对传统计划经济意义的全盘否定，而是在肯定其历史成就的基础上，通过辩证扬弃计划体制的弊端，更好地促进我国社会生产力的迅速发展，它们之间有着内在的历史逻辑关系。因此，中国的市场经济改革必须从局部入手，在渐次推进的基础上走向整体实行。同时，中国地域辽阔，各地区生产力发展水平差距较大，产业发展不平衡，加之市场要素的投入、市场主体的培育都是一个循序渐进的发展过程，这也需要因地制宜、创造条件逐步深化改革。20世纪80年代初，中国农村的改革先于城市突破计划经济体制获得巨大成功，20世纪80年代中后期，中国商品市场先于要素市场突破计划管制实现市场化，在全国经济改革刚刚开始后不久，沿海经济特区率先与国际市场接轨，较大程度地实现了市场化。尤其是1992年党的十四大召开之后，我国市场经济体制改革目标模式的确立，肯定了市场对资源配置的积极作用，进一步放大了市场机制的作用空间，拓展了市场调节资源的领域范围。在此基础上，市场化改革在微观经济基础、市场体系、政府管理、收入分配制度以及社会保障等方面整体推进，在前期所有制结构改革、国有企业改革、农村改革以及价格改革的基础上，改革内容又有了延伸和拓展，并且突出了不同领域改革之间的协同配套和系统性安排。

需要强调的是，我国社会主义市场经济改革在从局部推向整体的过程中，始终维护宪法的权威，把推进市场化改革的方针政策始终纳入宪法的制度框架内，在维护制度的连续性和保持社会稳定的条件下，逐步放松政府对经济的直接管控，先从农业农村开始进行改革，逐步扩展到其他领域，因而我国在市场化改革过程中始终注重新体制对旧体制的继承，确保相关体制和制度的连贯性和延续性，确保原有的经济结构、政治结构和利益结构是相对稳定的。因而，我国市场经济改革初始条件的特殊性以及新旧体制的长期并存、磨合、交替，使得双轨制成为我国市场化改革的特殊过渡形式，希望通过双轨制的实行来确保新体制的日趋完善和旧体制的相对萎缩，进而以平稳方式实现向市场经济的过渡。如前所述，中国经济的双轨制主要是价格和市场的双轨制，包括各种经济要素价格的行政协调与市场协调并存的双轨制。它可以把灵活性与稳定性、计划与市场、改革与发展结合起来，绕开改革中的一些障碍和难点，为市场机制作用的发挥开辟道路，推动经济改革的顺利进行。

总之，我国社会主义市场经济体制的改革运行存在着"共向一"的方向组合机理，即存量改革与增量改革在总体上均同经济结构调整由不平衡向平衡状态转移的方向保持一致。这样，由计划一轨到计划内外双轨，再到以市场为主线的一轨，就成为我国社会主义市场经济体制改革的必然过程。

## 第三节　通过价格改革推动市场配置资源优化

### 一、价格改革是我国市场经济体制改革的关键

众所周知，市场经济是依靠市场机制运行的，市场关系的核心是价格关系，市场机制的核心是价格机制。因此，市场体系的形成与发展，关键在于通过价格改革形成市场价格体系。在市场中，由于存在竞争，价格随着商品供求关系的变化而经常地围绕着价值（在平均利润率形成条件下则是生产价格）上下波动。正是通过商品价格信号，各种商品生产者和商品经营者才知道自己生产或经营的商品在市场上的供求情况，产品是否能卖出去，能以什么样的价格卖出去，等等。于是才能做出生产经营的决策：是继续生产和经营，是扩大还是缩小生产、经营的规模，还是转产。商品市场供求关系的变动引起商品价格的波动，而价格的变动又会反过来调节各种商品的供求关系，从而调节商品生产，引导资源合理流动。所以，正是市场价格引导着生产要素在市场上流动和重新组合，经过一个较长时期，社会资源的配置就会发生明显的变化，即改变产业结构。这是价值规律对生产起调节作用的具体表现，也是市场主体发育和成长的重要一环。

同时，从市场及其主体的发育与成长历程来看，市场及其主体的发育和成长也是随着价格改革的逐步深化而不断深化的。即我国的市场发育，一是先从生活消费品特别是农产品市场发育开始的，通过先放开一部分农产品的价格由市场调节，使这一部分农民率先成为发育中的农产品市场的主体，然后逐步放开农产品和工业消费品价格，从而逐步壮大农产品和工业消费品市场主体；二是通过实行价格双轨制，使一部分生产资料的生产经营者和需求者获得一部分价格自主权，率先成为发育中的生产资料市场主体，进而通过逐步扩大放开的生产资料的比重和品种范围，使生产资料市场主体不断发展壮大；三是在商品市场及其主体发展壮大的同时，逐步开放生产要素市场和培育要素市场主体；四是市场的发育也与价格改革相适应，先形成某一大类商品的专业市场，进而发展扩大为商品市场体

系，或是先形成区域市场，进而形成全国统一市场。随着改革的深入，经济的发展和对外经济联系得日趋紧密，在逐步实现国内统一市场的同时，由通过放开某些商品市场和要素市场，使国内市场向国际市场推进，逐步形成国内、国际市场的对接。

由上可见，我国价格改革的经验已充分说明，实行市场化的价格改革，将行政定价模式转变为市场定价模式，是推动我国市场体系首特别是商品市场发育、完善的必要条件和前提；价格的市场化改革，是扩展市场体系、建立市场经济体制的先导。特别是经过多年的改革，我国价格形成机制发生了根本变化，除极少数基础商品和生活必需品由政府管理价格外，绝大多数商品的价格都已经由市场来决定。可以这样说，中国的各种价格已基本由市场来决定，这为发挥市场在资源配置中的决定性作用创造了有利条件。

## 二、价格改革促进了市场制度建设

在我国，推进价格改革，进行价格形成机制的转换，使政府的经济管理职能由计划管理价格转变为主要以法律、经济手段来规范价格行为或干预价格，需要制定有关法律法规。一方面，体制改革是各种利益关系的相互博弈，而价格既是价值规律发生作用的重要载体，也是各种经济利益关系交织的关键点，因而我们推进价格改革，要求计划、物资、财政、金融、工资以及企业体制等方面改革协同推进。没有价格改革，商品价格和生产者的利益关系就会处于扭曲状态，价值规律和市场机制也就无法通过价格波动实现资源的优化配置。另一方面，推进市场价格机制改革，也必然改变人们的思维方式、价值取向和道德伦理观念。因为，价格的形成是一种社会意志的形成，而不仅仅是经济意志的形成，因为双边合同和由双边合同产生的多边市场价格是社会的协调形式、社会的统一形式。放开价格，就是让价值规律充分发挥作用，做到"等价交换"，使交易双方都具有"平等"和"公平"的伦理观念。马克思说："价值表现的秘密，即一切劳动由于而且只是由于一般人类劳动而具有的等同性和同等意义，只有在人类平等观念已经成为国民的牢固的成见的时候，才能被揭示出来。而这只有在这样的社会里才有可能，在那里，商品形式成为劳动产品的一般形式，而人们彼此作为商品所有者的关系成为占统治地位的社会关系。"

显然，要在一个社会形成"等价交换"的"平等"伦理观念，必须要求商品经济达到一定程度，也就是说，要由传统的社会进入到理性社会。中国社会经历了几千年的封建地主经济，强调亲情与等级，从而使传统的中国社会成为一个伦理社会或政治社会。中华人民共和国成立后，实行社会主义计划经济，强调的是"集体主义"，生产资料公有，生活消费品一部分按等级实行福利分配，一部分"按劳分配"。但实际上贯彻的是"不患寡而患不均,不患贫而患不安"的平均主义原则。因而,在人们的头脑里,形成了所得与所劳不对称的不等价交换的观念。推进价格改革,放开商品价格,刺激了商品化和货币化,促进了人们"等价交换"的"平等"观念逐渐形成。如今,人们对住房制度、医疗收费制度、高等教育收费制度改革,等等,都已有了一种平常心态。这充分说明中国居民已初步形成了市场经济的伦理道德观。这也表明,中国特色社会主义市场经济的基础性制度——"市场制度"的初步形成。

## 三、价格改革促进企业制度改革

在传统的计划经济条件下,企业完全是政府的附属物。企业在物资上实行统一调拨,产品统一定价,统收统支,并严格执行国家计划。企业内部基本上没有多大的资源配置权,而在企业外部必须绝对服从国家计划,企业没有独立发展的空间,企业经济效率普遍低下。而价格改革,就是为企业改革提供一种"公平、公正、公开"竞争的外部市场环境。价格机制的转换,使市场价格机制成为企业的一种有效的信息机制和激励机制。价格机制的转换,必然促使企业经营机制的转换,进而引起企业制度的转换。

改革开放以来,价格改革不但有效地配合了企业制度的改革,而且促进了企业制度的改革。我国的企业制度改革大致经历了四个发展阶段:第一阶段(1978—1983年),推行"简政放权,减税让利",价格改革以调为主,对部分工业品实行"浮动价格",并放开了部分日用小商品的售卖权;第二阶段(1983—1986年),进行"利改税",实行厂长(经理)负责制。相应地,价格改革也加大了力度,以放为主,调放结合,并从1985年开始,对生产资料实行价格"双轨制";第三阶段(1986—1993年),推行承包责任制,价格改革继续以放为主,放调结合,并向市场价格制度过渡;第四阶段(1993年至今),建立现代企业制度,同时,中央在价格改革方面正式确定了社会主义市场价格模式,逐步形成了"在宏观调控下要由市场形成价格的价格机制"。经过四十多年的改革,企业已基本成为独立核算、自负盈亏、自我积累和自我发展的经济实体。尤其是党的十八大以来,我国进一步推进水、石油、天然气等资源性产品价格和环保收费改革,对于竞争性环节的商品价格则由市场决定,同时不断缩减政府定价范围,明确界定政府定价范围主要限定在重要公用事业、公益性服务、网络型自然垄断环节,不断健全完善相关价格形成机制和价格调控手段,提高价格调控能力,这些改革举措将会加强企业对市场价格变化的敏感度,提高企业的市场竞争能力和抗风险能力,为我国建设世界一流企业创造有利条件。

# 第二章 金融结构的历史与现状

## 第一节 我国金融结构的历史

从历史发展的视角回顾我国金融结构的变迁过程，可以拓宽研究的视野，使我们更加清晰地了解影响我国金融发展以及金融结构变迁的经济、政治、文化等因素，厘清金融结构变迁的路径形成及路径依赖，进而准确把脉金融结构的调整方向。

自从秦始皇统一中国，实行统一的货币，到汉武帝时期的"官山海"国有经济体制政策，我国便形成了中央集权的货币金融体系，可以说这是我国金融诞生时的"基因"，这对我国金融发展的影响是长期的。中国金融史的研究著作不在少数，本书不再详细阐述，主要对我国1949年后的金融发展进行研究讨论。

### 一、改革开放前的计划金融体制（1949—1978 年）

伴随着中华人民共和国的成立，我国各项事业百废待兴，金融业作为现代社会的一个重要组成部分，必然是社会建设的重点。1948 年 12 月 1 日，中国人民银行的成立标志着新中国金融体系的诞生。几年间，人民政府根据当时的具体情况，整顿了全国的金融秩序，大力发展集体信用合作社。到 1952 年，基本形成了以中国人民银行为核心，众多农村信用合作社和少数专业银行为补充的金融机构体系，还建立了新的票据市场、证券交易市场和外汇市场。

1953 年之后，我国实行了高度集中统一的计划经济管理体制，对金融业也采取了完全计划的形式，取消了金融市场，建立了"大一统"的国家银行体系，中国人民银行既作为国家机构管理金融体系，又作为国家银行全面经营银行业务。这一体系作为计划经济的必然产物，支撑了计划经济体制的运行，保证了国家"赶超战略"的顺利实施。但是，由于金融组织形式单一，金融系统缺乏活力，运行效率低下，金融对于经济的作用机制受到极大的限制。

## 二、改革开放以来的金融结构变迁（1979 年至今）

党的十一届三中全会以后，各项金融改革措施全面展开。1979 年，我国进行"拨改贷"的尝试，到"拨改贷"全面实施时，财政资金的无偿拨付被银行贷款资金的有偿使用所全部取代，银行系统配置社会经济资源的能力和地位大大提高，银行贷款很快成为社会融资的主要方式，"小财政、大金融"的新格局逐步形成。此后，金融机构数量逐渐增多，金融市场恢复，金融产品或工具也逐步实现了多样化，金融结构出现了革命性变化。

（一）金融机构结构的变化

1979 年以来，我国的金融机构结构大致经过了三个阶段的改革，实现了商业性金融和政策性金融的分离，形成了以商业银行为主体、多种非银行金融机构并存的多元化金融机构体系，而且证券、保险、信托等金融机构在金融体系中的作用和地位越来越重要。

第一阶段，1979—1993 年，打破了中国人民银行一统天下的单一金融机构体系，逐步建立多元化的金融机构体系。从 1979 年开始，中国农业银行、中国银行和中国建设银行相继恢复成立，分别专司农村金融业务、外汇业务和基本建设金融业务；1984 年 1 月，中国工商银行成立，负责经营工商信贷和城镇储蓄业务，人民银行成为专门的中央银行；1986 年之后，多个全国性、区域性的商业银行和外资银行纷纷成立。同时，为了适应改革开放要求，也成立多种非银行金融机构。到 20 世纪 80 年代末，证券、保险、信托、租赁、财务公司等非银行金融机构的主要种类基本完备。截至 1993 年年底，我国新的金融机构体系初具规模，中国人民银行是这一金融体系的核心，工、农、中、建四大国家专业银行是其主体，其他商业银行和非银行金融机构处于辅助地位。

第二阶段，1994—2000 年，逐步分离商业性金融和政策性金融，形成了现代化意义上的金融机构体系。1993 年《国务院关于金融体制改革的决定》发布后，金融体系各项改革措施开始稳步实施：打破了四大国家专业银行的分工和经营界限；将原来由四大国家专业银行承担的政策性金融业务分离出来，成立了国家开发银行、中国农业发展银行和中国进出口银行三家政策性银行；在各大中城市组建城市合作银行，设立民营商业银行，建设多层次的商业银行体系；新成立了大批证券公司和基金管理公司；为了处置四大国有商业银行的不良资产，新设立了四家金融资产管理公司。1998 年 4 月，组建了中国证券监督管理委员会，依法对证券市场进行统一监管；同年 11 月，成立了中国保险监督管理委员会，依法统一监督管理全国保险市场。至此，以中国人民银行为核心，商业银行为主体，银行、证券、保险等金融结构分工协作、功能互补的多元化金融机构体系趋于完善。

第三阶段，2001年至今，构建现代化的、开放型的金融体系，使金融监管框架更加合理。我国加入世界贸易组织之后，金融业的改革开放也进入了全新阶段：进一步加大国有独资商业银行的改革力度，四大国有商业银行全部实行股份制改革，并登陆资本市场；逐步放开外资金融机构市场准入，引进合格的境外机构投资者；大力发展民营金融机构，推进城市商业银行和农村信用合作社改革；保险机构改革取得重大突破。2003年，成立了中国银行业监督管理委员会，分离人民银行的银行业监管职能，强化金融监管；2017年7月，设立国务院金融稳定发展委员会，加强金融监管协调、补齐监管短板；2018年4月，为了解决监管职责不清晰、重复监管和监管真空等问题，将原银监会和保监会的职责整合，组建了中国银行保险监督管理委员会。

（二）金融市场结构的变化

改革开放以来，我国金融市场逐步恢复并发展壮大，金融市场层次和种类逐渐丰富，很好地满足了经济发展的需求。

1. 建立了相对完善的货币市场

1986年，恢复了银行间同业拆借市场，允许各专业银行之间拆借资金，相互融通；1988年以后，在部分城市国库券流通转让试点的基础上，逐步扩大国债流通市场，随后国债流通市场逐渐形成；1996年1月，在上海正式建立了全国统一的同业拆借市场，同年6月，中国人民银行全面放开各期限档次同业拆借利率的管制，形成了全国统一的同业拆借利率。1997年6月，建立了银行间债券市场，经过二十多年的发展完善，债券市场已经成为我国债券交易的主要场所，同时也成了中央银行公开市场操作的主要平台。1986年，我国票据市场逐渐起步，1995年，票据法的颁布实施，进一步加速了票据市场的发展，经过多年的发展，我国票据市场已经成为中小企业融资的重要渠道。

2. 资本市场不断规范发展

1990年11月26日，上海证券交易所成立，12月19日正式开业运营。深圳证券交易所于1990年12月1日开始集中交易试营业，1991年4月11日由中国人民银行批准成立，7月3日开始正式营业。1992年B股市场建立，允许外国投资者使用外币投资特定的股票；1993年起，准许部分大型国有企业到香港发行H股。2004年5月经证监会批准，同意深圳证券交易所设立中小企业板块以满足中小企业的发展需求。2009年10月30日，创业板正式上市。2019年6月13日，科创板正式开板，并试点推行注册制。至此，我国多层次的资本市场日趋完善。

3. 外汇市场

1988 年 9 月，我国首个公开的外汇调剂市场在上海成立，随后在各地相继成立了地方调剂中心，并建立了联合报价网络。1994 年 4 月，我国进行外汇管理体制改革，将分散的外汇交易集中起来，形成了全国统一的银行间外汇市场。2005 年 7 月 21 日，我国开启了以市场供求为基础、参考一篮子货币进行调节、有管理的浮动汇率制度。银行间外汇市场进一步发展，人民币汇率形成机制逐步完善。2015 年 8 月 11 日，中国人民银行调整了人民币对美元汇率中间价报价机制，进一步推动了人民币汇率的市场化。

4. 金融衍生品市场

1990 年 10 月，郑州粮食批发市场成立，以现货为主，首次引入期货交易机制。由于缺乏监管，期货市场的配套法律法规缺失，国内各类交易所大量涌现，达 50 多家，期货经纪机构达到 1 000 多家，大多采取兼营方式。1993 年 11 月国务院下发《关于制止期货市场盲目发展的通知》。到 1996 年，交易所减为 3 家：上海期货交易所、大连商品交易所、郑州商品交易所，经纪公司从 330 家减为 180 余家，交易品种保留 12 个。1999 年，《期货交易管理暂行条例》以及与之相配套的 4 个管理办法颁布实施，使中国期货市场正式迈入法治轨道。2006 年初，期货品种又增加了豆油、白糖两大品种，期货品种达到 14 个。2006 年 9 月 8 日，中国金融期货交易所于上海期货大厦内挂牌，成为中国内地成立的第一家也是唯一一家金融衍生品交易所，为进一步深化资本市场改革迈出了坚实的步伐。

5. 黄金市场

2001 年 10 月 31 日，中国人民银行正式发文成立上海黄金交易所。2002 年 10 月 30 日，上海黄金交易所正式开业运营。作为专门从事黄金交易的国家金融要素市场，它的成立实现了中国黄金生产、消费、流通体制的市场化，是中国黄金市场开放的重要标志。2005 年 11 月 8 日，上海黄金交易所夜市交易系统上线运行。2014 年 9 月 18 日，黄金国际板正式启动运行。2016 年 1 月 11 日，银行间市场做市商制度正式启动，银行间黄金市场成为继银行间外汇市场、银行间债券市场后又一引入做市商制度的银行间要素市场。

（三）金融工具结构的变化

改革开放之后，我国金融体系的多种金融产品相继恢复，融资结构和金融工具结构逐渐呈现出多元化特征。

第一，多种金融产品相继恢复使用。1981 年，《中华人民共和国国库券条例》施行，从此国债便逐步成为我国金融市场上最重要的金融工具；1982 年起，上海开始恢复办理票据贴现业务，商业信用恢复使用；1985 年起，商业汇票承兑贴现业务在全国推广，中国人民银行开始办理再贴现业务，商业银行之间也可以办理转贴现业务，票据逐步成为我国重要的短期金融工具；1982年起，开始在境外发行外币债券，利用信用在境外筹集资金；1984年起，我国企业可以直接发行债券进行融资；1985年起，中国工商银行、中国农业银行率先发行金融债券；1987年，上海飞乐股份有限公司的股票首次公开发行。

第二，融资结构趋于多元化。1996年起，中国人民银行批准商业银行可以办理个人住房抵押贷款业务。1998年之后，为了扩大国内需求，又出台了一系列促进消费信贷的政策措施。各商业银行开始大力发展消费信贷业务，住房抵押贷款、消费贷款等业务量迅速增长。同时，伴随着股票和债券市场的发展，直接融资在融资结构中的比重逐步提高，我国的融资结构也日益多元化。

第三，金融工具结构日益多元化。随着金融业改革和计算机、互联网技术的应用，金融工具创新的步伐也开始加快。商业银行的存款和理财产品日益丰富，一卡通账户、银证通账户和外汇账户等相继推出，货币性金融资产的种类逐渐增多；各种基金相继发行，丰富了资本市场投资者的可投金融资产品种；保险资产在金融资产总额中的占比不断上升。我国的金融工具结构也呈现出多元化的特征。

## 第二节　我国金融结构的现状

### 一、我国金融发展水平

衡量一个经济体的金融发展水平可以从经济货币化比率和金融相关比率 FIR(Financial Interrelations Ratio) 两方面考察。经济货币化比率是指一个经济体中货物和劳务总额中的货币化比例，一般可以用广义货币（M2）占 GDP 的比值来度量。金融相关比率 FIR 是指一个经济体某一时点上全部金融资产价值与全部实物资产（即国民财富）价值之比，也就是一国全部金融资产价值与同期 GDP 的比值。

（一）我国的经济货币化水平

改革开放以来，我国经济的货币化水平迅速提高，经济货币化比率快速攀升。易纲（1996）指出，从1978年到1995年，我国国民生产总值年均增长率为9.7%，年均通货膨胀率为7.5%，广义货币（M2）年均递增25%，广义货币增长率在此期间远远超过国民生产总值增长率与通货膨胀率之和，广义货币（M2）占 GDP 的比重从1978年的32%上升到1995年的105%，上升速度如此之快在发展中国家金融深化的案例中实属罕见。这是我国由计划经济体制向社会主义市场经济转型的必然结果。

近年来，伴随着我国金融发展水平的不断提高，经济货币化水平仍不断上升。

从中日美英四国自 1977 年至 2021 年广义货币（M2）占 GDP 的百分比可以看出，改革开放后，我国的经济货币化水平持续上升，广义货币（M2）占 GDP 的百分比在 2016 年达到最高值 208.46%，2017 年后开始小幅回落。与同期发达国家相比，我国的货币化水平从 20 世纪 90 年代以后长期高于英美，但仍低于同期日本的货币化水平。美国的这一比值长期保持在 100% 以下，这与美国的市场主导型金融结构有很大关系；而日本的比值长期维持高位，这也与该国银行主导型金融结构关系密切。

2016 年以来，我国政府致力于主动去杠杆、化解金融系统风险，因此 2017、2018 年广义货币（M2）占 GDP 比值基本持平，而且广义货币供应量增速与 GDP 增速逐步趋近，相差在两个百分点之内，金融风险治理成效显著。李克强同志在 2019 年政府工作报告中指出："稳健的货币政策要松紧适度。广义货币（M2）和社会融资规模增速要与国内生产总值名义增速相匹配，以更好满足经济运行保持在合理区间的需要。"

通过纵向对比我国经济货币化水平的发展趋势可以发现，我国当前经济货币化水平已经能很好地满足经济发展对于货币的需求，同时也要看到，我 20 世纪 90 年代以后货币化水平长期高于英美等发达国家，与我国以银行为主导的金融结构关系密切。

（二）我国的金融相关比率

金融相关比率 FIR 比货币化水平更能全面、综合地反映一个经济体金融发展的水平。戈德史密斯（1969）通过比较各国金融结构状况发现，在一国的经济发展进程中，金融相关比率有提高的趋势，但并非一直提高，当金融发展到一定阶段后，该比率将趋于平稳。贝多广、黄为、李京晔计算得出金融相关比率上限范围在 2.5 左右，金融相关比率的稳定收敛值为 1，且他们提出各国在金融发展阶段，金融相关比率会随着经济增长而增长；在金融调整阶段，金融相关比率达到最高点后开始减速并随后震荡下行；在金融稳定阶段，金融相关比率会保持相对稳定，金融结构接近于与经济发展相匹配的最优状态。这一观点也进一步证明和细化了戈德史密斯对于金融相关比率的观点。

## 二、我国的金融机构结构

金融机构的多样化是经济发展和经济结构多元化的客观需求。经济主体的多样化和国民收入分配格局的变化，要求建立各类金融机构为不同层次经济主体的经济发展服务。改革开放以后，伴随着我国经济的高速发展，金融机构的数量和种类不断增加，相应的资产规模也在节节攀升。

（一）我国金融机构结构的现状

我国当前的金融机构可以分为以下几类：第一，监管机构，包括中国人民银行、中国银行保险监督管理委员会和中国证券监督管理委员会。第二，银行类金融机构，主要包括政策性银行与国家开发银行、大型商业银行、股份制商业银行、城市商业银行、农村金融机构、中国邮政储蓄银行和外资银行。第三，证券类金融机构，包括证券交易所、证券公司、证券服务机构、期货公司和基金管理公司。第四，保险类金融机构，包括保险公司和保险中介机构。第五，其他金融结构，包括金融资产管理公司、信托公司、企业集团财务公司、金融租赁公司、汽车金融公司、货币经纪公司以及消费金融公司等。第六，金融行业自律组织，包括银行业协会、证券业协会、期货业协会、证券投资基金业协会、保险业协会和银行间市场交易商协会。另外，我国于2017年11月，成立了国务院金融稳定发展委员会，作为国务院统筹协调金融稳定和改革发展重大问题的议事协调机构。截至2021年年末，中国银行业金融机构共有法人机构4399家，包括1家国家开发银行、2家政策性银行、5家大型商业银行、12家股份制商业银行、1家邮政储蓄银行、134家城市商业银行、1114家农村商业银行、40家农村合作银行、1125家农村信用社、1443家村镇银行、48家农村资金互助社、8家民营银行、1家中德住房储蓄银行、39家外资法人金融机构、4家金融资产管理公司、68家信托公司、236家企业集团财务公司、56家金融租赁公司、25家汽车金融公司、5家货币经纪公司、18家消费金融公司以及13家贷款公司。全国共有证券公司129家，证券营业部9061家，109家基金管理公司，149家期货公司，期货营业部1603家。

当前，我国互联网金融与金融科技领域的创新不断涌现，伴随着商业模式和用户行为习惯的变化，网络交易和第三方支付的规模迅速扩张，商业银行的平均电子替代率从2010年的45.02%上升到2016年的84.31%。各商业银行加大了与互联网企业的合作，联合构建基于互联网经济的金融生态圈。据报道，2017年，工农中建交五大行分别与京东、百度、腾讯、阿里巴巴、苏宁等互联网企业开展了战略合作，在提高金融支持实体经济效率的同时，极大地降低了融资成本。

当然，由于网络的虚拟性以及互联网金融的野蛮生长，当前社会也滋生了很多"金融乱象"，比如网络金融诈骗、P2P平台跑路、非法集资等不法行为，给金融监管和金融治理提出了很大挑战。面对新的问题、新的挑战，需要我们辩证地认识和对待，创新监管方式方法，保证金融创新沿着促进经济发展的正确方向不断迈进。

（二）我国金融机构结构的特点

我国的金融机构结构主要有如下几个特点：第一，完善的金融体系和多样化的金融机构。伴随着我国经济高速发展和经济体制改革的不断推进，金融体系也发生了极速变化，目前已经形成了相对完善的金融机构体系，金融功能相对完备。第二，我国的金融结构仍以银行为主导。银行机构的数量和资产规模都在我国金融结构中占有相当大的比重。第三，国有金融结构处于绝对垄断地位。正如前文所述，我国自古以来形成的中央集权制决定了我国当前的金融机构结构也是以国有金融机构为主导的。虽然外资和民营金融结构也在逐步增多，但国有金融机构在数量和从业人员等方面仍占据绝对优势，民营和外资等金融机构只是处于补充地位。第四，与发达国家金融机构相比，我国金融机构的运营水平以及内部管理还需要不断优化，以进一步提高金融体系对于资源的配置效率。第五，互联网金融异军突起。21世纪以来伴随着信息技术革命的发生，金融系统的科技创新也日渐增多，信息技术和金融的深度融合不断紧密，近年来，我国互联网金融蓬勃发展，在一定程度上有超越和引领发达国家的趋势。

### 三、我国金融市场结构特点

我国目前金融市场体系已经比较完善，多层次的资本市场已经形成，各市场的交易相对活跃，基本能满足经济发展的需求。首先，我国的货币市场一方面能够满足资金的短期融通，另一方面也是国家执行宏观货币政策的平台，而且货币市场的成交额占金融市场总交易额的比重超过六成。其次，证券交易活跃，保证了企业发展的融资需求，能够很好地促进实体经济发展。再次，外汇市场的成熟，为人民币汇率市场化和推动人民币国际化奠定了坚实的基础。最后，衍生品市场的逐步完善，既能发挥价格发现的功能，又能很好地执行风险管理。

### 四、我国的金融资产结构特点

随着金融深化以及新的金融工具的不断出现，经济中的各类经济主体持有的金融资产也会不断调整，从而使全社会金融资产结构发生变化。因此，金融资产结构的变化可以用来衡量金融深化程度和金融改革的效果。

第一，当前我国经济运行中现金（M0）占比已经越来越小，这与我国当前信息技术的发展关系密切，网络银行、手机银行以及移动支付的运用，极大地减少了日常生活中现金的使用频次，使得人们对于现金的需求急剧萎缩。第二，在各种金融工具中，银行存贷款仍占据绝对主导地位，人民币各项贷款占金融资产总量的比重达到31.09%，债券和股票直接融资工具的资产总和仍小于贷款总额。第三，我国的保险资产占比偏低，2018年原保险保费收入为38016.62亿元，保险深度（保费收入占GDP比重）为4.2%，而世界第一保险大国美国2017年的保险深度为 7.1%。第四，债券融资中公司信用类债券占比较少，为 5.8%，说明我国公司信用债发行受到很多因素制约，同时也表明公司债作为直接融资工具，对于缓解企业"融资难、融资贵"等问题有很大的发展空间。第五，衍生品市场规模仍较小。衍生品市场能有效防范化解风险，是市场化手段实现合理分担风险的重要机制，其发展不足必然加大金融风险管控的难度。

## 五、我国的货币政策结构

当前，我国实施的是"货币政策＋宏观审慎政策"的双支柱金融调控框架，货币政策负责稳定物价，促进经济增长，宏观审慎政策负责维护金融稳定。

### （一）我国货币政策结构的现状

货币政策是中央银行运用货币政策工具调节货币供求以实现宏观经济调控目标的策略和方针的总称，包括货币政策的最终目标、货币政策的中间目标、货币政策的操作目标、货币政策工具和货币政策传导机制。当前我国货币政策的最终目标是维护币值稳定，并以此促进经济增长。

货币政策工具可以分为直接调控货币政策工具和间接调控货币政策工具。直接调控货币政策工具主要有信用分配和利率管制。由于直接信用管制效果较差，而且会扭曲资源配置，因此，一般都采用间接调控货币政策工具。传统的间接货币政策工具包括：调整法定存款准备金率、再贴现与再贷款机制、公开市场操作（OMO）和调整存贷款基准利率，前三者属于可数量型货币政策工具，而调整存贷款基准利率属于价格型货币政策工具。近年来，人民银行为推进利率市场化进程，又推出了定向降准、常备借贷便利（SLF）、中期借贷便利（MLF）、抵押补充贷款（PSL）等结构性货币政策工具。2018 年 12 月，为定向支持小微企业、民营企业发展，通过金融结构以优惠利率向其提供长期稳定资金，人民银行创设了定向中期借贷便利（TMLF）。2019 年 1 月，为了多渠道补充商业银行资本，并为银行发行永续债提供流动性支持，人民银行又创设了央行票据互换（CBS）工具。

### （二）宏观审慎政策的现状

宏观审慎政策是在 2008 年金融危机之后，国际组织以及各国政府为了有效应对金融风险提出的利用审慎性工具防范系统性金融风险的政策措施。我国政府较早地开始了相关的实践探索，2011 年，人民银行引入差别准备金动态调整机制、合意贷款管理机制，从总量上把握商业银行的信贷规模，优化信贷结构，引导资金流向实体经济。2016 年，人民银行将这一机制升级为宏观审慎评估体系（MPA，Macro Prudential Assessment）。

宏观审慎评估体系主要从资本和杠杆情况、资产负债情况、流动性、定价行为、资产质量、外债风险、信贷政策执行 7 大方面对金融机构的行为进行多维度的调控引导，涉及资本充足率、杠杆率、不良贷款率、拨备覆盖率等 14 个指标。人民银行通过考察金融机构各项指标，按照 MPA 评分标准对各金融机构进行评分，最后根据考核结果对金融机构进行差别化的利率和准备金率政策。

在宏观审慎政策的实施过程中，人民银行不断探索总结，根据实际情况以及调控效果，对 MPA 指标构成及相关参数进行动态调整、扩充完善。2017 年第一季度，为了防范金融系统风险，有效控制信贷增速，将表外理财纳入广义信贷指标范围；2018 年第一季度，将同业存单纳入 MPA 的同业负债占比指标中，从而能够更加准确地评估金融机构对于同业负债的依赖程度。

（三）我国货币政策结构的特点

当前，我国实施稳健的货币政策，在不搞"大水漫灌"，保持货币总量合理的前提下，更加注重发挥结构性货币政策工具的"精准滴灌"作用，货币政策工具的运用更加适度、灵活、精准，主要表现出如下特点：

第一，宏观调控不断创新和发展。为了更好地应对金融风险，我国政府率先探索宏观审慎管理政策，形成了"货币政策＋宏观审慎政策"的双支柱金融调控框架，两者各司其职，相互搭配。在宏观审慎管理实践的过程中，人民银行根据形势变化不断调整优化相关考核内容，完善指标体系。

第二，货币政策工具多样化、精准化。伴随着我国经济的高速增长，当前我国的经济体量已经非常庞大，我国的经济货币化程度已经相当高，这便使得货币总量调控难度加大，效用递减，为此人民银行一方面提高公开市场操作的精度，一方面推出许多新的结构性货币政策工具，以更好地满足各个微观主体的货币需求，保证了货币政策的灵活性和精准度。

第三，实行差异化的存款准备金率和基准利率政策。对于不同的金融机构实行不同的准备金率和基准利率，能够优化资金流动性结构，引导金融机构支持中小微企业、民营企业等薄弱环节的资金来源，推动实体经济健康发展。

第四，货币政策操作的前瞻性和逆周期性。中国人民银行通过公开市场业务以及多种结构性货币政策工具，及时对冲税收、季末监管考核、节假日现金投放等因素对流动性的冲击，为经济发展提供合理充裕且稳定的货币环境。

第五，利率市场化形成机制稳步推进。自从 2015 年 10 月调整存贷款基准利率之后，人民银行未再次调整这一利率，而是采取多种措施，不断深化利率市场化改革，推进存贷款基准利率和货币市场利率逐渐统一。当前，伴随着利率市场化改革措施的不断推进，金融机构的自主定价和风险管理能力稳步提升，人民银行对利率调控以及货币政策传导能力逐步增强。

总之，经过 40 多年的改革与发展，我国的金融业发生了巨大的变化，金融体系规模不断扩张，金融机构种类日渐多样化，金融市场体系逐步完善，宏观金融调控日趋成熟稳健，金融制度日益健全。当前，我国的金融结构呈现出"双主导"和"双重二元性"的特征，即金融结构呈现国家主导型和银行主导型特征，并具有正规金融与非正规金融并存、城乡金融差距加大的"双重二元性"特征。

## 第三节　我国金融结构的问题与分析

本章前两节系统地考察了我国金融业的发展变迁和金融结构的现状，并对我国金融结构的特征进行了总结提炼。本节将在纵向发展和横向比较的基础上，进一步考察当前我国金融结构存在的问题，并分析其形成的原因。

### 一、我国金融结构存在的问题

考察我国金融结构的问题，首先需要从考察金融系统中存在的问题开始，由表及里，逐步深入。

（一）我国金融系统存在的问题

随着我国经济的发展和金融深化的推进，我国的金融系统有了长足的发展，多层次的金融市场逐步建立，金融机构数量和种类不断增多，金融工具和金融产品日益丰富，金融制度也不断完善。然而，在金融系统快速发展过程中，也出现了许多问题，尤其是在当前我国经济增速下行以及经济发展方式转型期间，这些问题更为突出，在一定程度上制约了经济的转型升级。

1. 中小企业"融资难，融资贵"

中小企业"融资难，融资贵"是长期困扰我国经济发展的一个突出因素。企业作为微观市场主体，对于经济发展的作用是基础性的，只有企业健康发展，不断创造社会财富，经济才会健康稳步发展。但是，企业的发展首先面临的便是资金问题，缺乏资金支持，企业的建立和发展都是空中楼阁，无从实现。中小企业一般是指人员经营规模相对较小的民营企业，大部分是非公有制或者混合所有制形式的经济体。与国有企业相比，由于其企业规模较小，盈利预期不稳定，缺乏政府信用背书等因素，无论是传统的银行系统间接融资，还是金融市场直接融资，其资金获得的门槛相对较高、难度相对较大，很大程度上制约了其发展的潜力和创新的动力。因此，这一问题从微观层面上导致了我国经济发展方式转型的困难。

2. 各地区金融业发展不平衡

1949 年以来，我国银行体系的发展保持了高度的国有化，银行体系的布局基本保持了与行政区域划分的高度一致性，因此，造成了各地区之间资源分布的均衡化，这必然导致与经济发展的程度不匹配的问题。比如，我国"珠三角""长三角"及周边地区经济较为发达，但国有银行体系与行政区域划分的一致性使得该区域金融服务供给小于需求，而西部地区供给大于需求，人为地造成了资源供求不匹配的局面。近年来，伴随着各地城商行、农商行以及村镇银行的发展，供求不匹配的现象有所缓解，但仍未能从根本上得到解决。

3. 资金"脱实向虚"，在金融系统中形成自我循环

自从 2008 年美国次贷危机爆发以来，为了遏制危机对经济的破坏，保持经济稳定，各国政府相继推行了财政刺激计划，美国财政部推行了 7000 多亿美元的财政刺激计划，我国政府也于 2008 年四季度开始到 2010 年年底实施了 4 万亿元的投资计划等。大量的货币注入经济体系中，迅速有效地遏制了金融危机，扭转了经济下行的态势，实现了经济的平稳过渡。然而，伴随着我国经济发展方式的转变，经济增速的放缓，2008 年以后，我国经济出现了各种虚拟经济与实体经济发展不协调的现象，房价飙升股市大幅波动。由于流动性过剩，虚拟经济投资收益率高、周期短、风险低，而实体经济投资收益率降低，产能过剩与投资不足并存，资金避险情绪明显，停留在虚拟经济部门形成自我循环。冰火两重天，虚拟经济投机过热，实体经济艰难生存，资金"脱实向虚"现象明显。

此外，企业的金融化现象进一步加剧了"脱实向虚"的局面。企业的金融化指的是企业的投资结构中金融资产投资占比不断上升。据 Wind 数据库统计，截至 2017 年年末，我国非金融类上市公司持有金融资产的规模达到了 1.35 万亿元，购买理财产品的非金融上市公司数量占当年全部上市公司的 34%。适度的企业的金融化行为可以使企业闲置资金得到有效利用，增强企业盈利能力，但是，过度的金融化行为则会挤占企业实体投资，造成实体投资萎缩，反而影响企业的主业经营。有些中小企业甚至放弃主营业务，投身房地产和金融市场，造成了实体经济的空心化。

4. 金融创新和科技进步导致的金融乱象

任何事物都是有两面性的，金融创新就像一把"双刃剑"，一方面能提高金融业对于资源配置的效率，另一方面也会带来一些负面的效用，为一些投机分子所用，造成了金融乱象丛生的局面。

信息技术和互联网的应用，对人类社会的活动形式产生了根本性的影响，金融系统也不例外。20 世纪 90 年代以来，伴随着计算机和互联网应用的普及和推广，金融系统也不断扩大新技术的应用范围，实现了金融系统的信息化。21 世

纪以来，由于手机智能化和移动互联网的兴起，金融工具和金融创新不断涌现，例如电子银行、移动支付、P2P 网络金融平台以及各种理财工具的应用，极大地提高了金融系统的资源配置效率，降低了投融资主体之间的交易成本，从服务业自身发展和促进第二产业发展两方面推动了经济的增长。

然而，由于网络平台的便利性，使得资金流动变得更加方便快捷，同时也可能脱离监管的视野，这便为各种非法集资和网络诈骗提供了可能。近年来，由于 P2P 网络借贷平台的野蛮生长，使 P2P 网络借贷平台问题激增。据统计，截至 2022 年 3 月 31 日，我国 P2P 网贷平台数量累计达 6591 家，其中问题平台 5341 家，在运营平台 1250 家。据报道，2018 年全国新发非法集资案件 5693 起，同比增长 12.7%；涉案金额 3542 亿元，同比增长 97.2%，达历年峰值。其中，新发互联网集资案件数占比 30%，涉案金额和人数分别占到 69% 和 86%。各类网络金融诈骗也层出不穷，时有报道。这些金融乱象，不仅造成资源浪费、有碍于经济发展，而且极大地影响了社会安定。

5. 金融监管真空和重复监管并存，金融制度建设滞后

金融监管是金融体系不可缺少的组成部分，是维护金融系统高效、有序运行的保障，金融监管的缺失和金融制度建设的滞后必然导致金融系统运行无序和低效率，同时，金融风险无法得到有效治理，可能会引发系统性风险。当前我国金融监管主要存在监管缺位或滞后、重复监管以及跨境监管困难等问题。

监管缺位或滞后是指在金融发展过程中，由于新金融机构或者金融工具的产生使得现有的监管无法对其进行有效管理，或者监管建设滞后于金融创新的速度。金融发展和金融监管是处于动态发展过程中的，因此监管缺位的具体内容并非固定不变的，而是随着金融发展和金融创新不断变化的。金融创新像是一把"双刃剑"，它能够提高资源配置效率，满足企业与家庭多样化的金融需求，但是如果缺乏及时、有效的监管，资本的逐利性会导致金融业野蛮生长，乱象丛生，很多不当的金融创新会使金融系统累积风险，最终演变为金融危机，严重阻碍经济发展。因此，在金融创新发展的同时，监管制度和监管技术也需要不断发展创新，以满足金融稳定健康发展的需求。

目前我国的监管缺位主要在影子银行上。影子银行是指游离于银行监管体系之外、可能引发系统性风险和监管套利等问题的信用中介体系，其本质是一种避开金融监管的资金信贷方式。当社会融资需求无法通过正规金融机构获得资金，而金融机构本身也具有贷款意愿，就会借道通过影子银行体系间接进行资金的融通。在这一过程中，由于缺乏相应的金融监管，信用风险和流动性风险无法得到合理控制，就可能引发系统性金融风险。

重复监管是由于我国实行的分业监管模式所造成的多头重复监管问题。当

前，随着金融发展和金融结构的变迁，金融体系内混业经营模式兴起，银行、证券和保险之间的混业经营的趋势越发明显，各金融市场之间相互融合，而金融监管制度仍为分业监管，必然会导致多头监管下的重复监管问题。同时，由于我国经济体制的特殊性，一些其他的非金融监管机构也可能会成为重复监管的主体，例如，商务部、国家发展改革委以及外汇管理局等政府职能部门对金融机构都存在业务的管辖权。这进一步加重了监管重复的问题。重复监管不仅会造成监管成本不必要的增加，而且会降低金融机构的效率，甚至扰乱金融系统正常的运行秩序。为此，我国于2017年7月决定设立国务院金融稳定发展委员会，加强金融监管的协调性和统一性。

随着经济全球化的发展和开放程度的不断提高，各国之间经济往来更加密切，金融全球化趋势明显，因此，必然带来金融跨境监管的问题。货币和资本的跨境流通使得金融风险的传播加快，需要各国政府之间加大协作力度，在允许的范围内实现信息共享，制订实施统一的监管规则和标准，减少全球范围内金融风险的发生。

（二）我国金融结构存在的问题

金融结构的不合理必然导致金融系统运行出现各种问题。上述我国金融系统存在的问题，与我国当前金融结构存在的问题有很大关系，这是金融结构不合理的表现。我国当前金融结构存在的问题主要有以下几方面。

1.我国经济金融化程度高，但金融结构合理化程度低

我国经济金融化程度的提高，很大程度上是经济货币化和金融资产在原有基础上简单扩张的结果，金融结构较为简单机械，国家主导设计的痕迹明显，金融体系的配置效率有待改进。

如前文所述，改革开放以来，我国的经济货币化水平持续上升，货币化程度超过了美英等发达国家。然而，我国的金融化发展基本是国家主导基础上现有金融机构简单机械地规模扩张而已，金融结构的合理化程度低，金融体系的资源配置效率低。我国的金融资产仍是主要以银行存贷款为主，金融相关比率FIR的提高主要是由金融机构存贷款的增加而引起的。我国的金融结构仍是银行主导型，银行业资产在金融机构总资产中仍占有绝对的主导优势，间接融资仍然是实体经济资金获得的主要方式，国有金融机构在金融业中仍占有垄断地位，能更好地服务中小企业的中小微金融机构占比极低，金融业市场化水平和服务水平仍不高。另外，在金融规模快速发展的过程中，金融监管机构未能及时同步改革，金融监管水平提升缓慢，金融法律法规建设滞后，导致了金融业风险管理机制不健全，金融竞争力落后于其他发达国家，严重阻碍了金融业的对外开放。由此可见，我国当前金融业的增长主要还是体现在数量扩张方面，而金融结构并未得到优化，

金融结构合理化程度有待提高。

2. 金融结构与经济结构不适应

"经济是肌体，金融是血脉，两者共生共荣。"金融结构适应经济结构才能促进经济发展，反之，金融结构不合理会阻碍经济发展。改革开放40多年来，我国经济结构有了巨大的变化，而金融结构调整相对缓慢，金融改革整体落后于经济改革，从而使得金融结构与经济结构不相适应，主要表现在以下几个方面。

第一，国有金融"一股独大"的产权结构与经济成分的多样化不适应。改革开放以来，我国已经由公有制经济占绝对主导发展为以公有制为主体、多种所有制经济共同发展的新格局。在改革过程中，既有政府"放权让利"等自上而下的改革，也有民间主动探索新模式等自下而上的改革，两者共同作用，相得益彰，从而推动了我国改革的顺利进行，促进了我国经济的快速发展。而反观我国的金融业改革与变迁过程，可以发现带有很强的政府主导色彩，是一种单方面的自上而下的渐进式变迁过程。外资和民间金融在这一过程中也曾出现并发挥一定的作用，但由于金融在国家安全中的特殊地位，其受到过多的管制和准入限制，难以发展壮大。当前我国的金融机构仍是以国有股为主，政府仍然是我国金融体系的主导者，有着绝对的控制力和影响力。而以国有股为主体的金融机构的主要服务对象是国有大中型企业，而且在企业债券和股票发行方面，国有企业也享有绝对的优势。这使得中小企业被抑制或排挤在正规金融服务的范围之外，加之中小金融机构发展的滞后，造成了中小企业融资困难的问题。中国民营企业发展研究报告显示，近几年，民营企业对我国 GDP 贡献率达 60% 以上，而其金融需求得不到满足，必然限制企业正常发展，降低其对于经济增长的贡献度。可见，金融产权结构与实体经济产权结构的不一致导致了金融供给结构与金融需求结构的不适应，进而限制了经济的正常发展。

第二，金融空间结构不合理，城乡金融发展和东中西部地区金融发展不协调。城乡金融发展不平衡。在城市金融市场快速发展的同时，农村金融市场却在萎缩。我国金融业二元结构明显，农村金融相对城市金融严重落后。尽管近年来，通过微信支付、支付宝、P2P 理财等互联网金融的发展，农村消费金融得到了一定的发展，但农村产业发展得到的金融支持仍无法满足其发展需求。

3. 金融机构结构不合理

经过 40 多年来的改革开放，我国的金融业已经由过去单一的银行业发展为金融机构种类齐全的多元化金融体系，包括了银行、券商、基金、保险、信托和租赁等金融机构。但是，金融机构结构仍不合理，表现为银行业占比过高，其他机构数量偏少、资产总量偏低，金融机构之间协调性较差。在银行业内部结构也表现为国有银行处于垄断地位，地方和民营银行规模小，发展受限。保险业、证券、信托、财务公司等金融机构也是以国有大型企业或者国有企业控股为主，其行业集中程度相当高，国有金融企业在行业内处于绝对优势地位，中小型金融机构数量和规模均占比极低。

金融机构的银行主导以及国有金融主导的模式使得我国金融体系缺乏竞争，服务水平不高，资源配置效率低下，同时也使得金融风险集中度过高，不利于金融业健康稳定发展。

4. 金融市场结构不平衡

前文已述，当前我国金融市场体系已经比较完善，但是金融市场的结构仍不平衡，使得我国长期难以扭转间接融资占比高，直接融资规模小的局面。

（1）股票市场结构不合理

经过多年的发展，我国的股票市场规模不断扩张，上市公司数量逐年增多，但是我国股票市场结构仍存在不合理的方面。一是我国中小板和创业板股票市场除了上市标准不同外，并无本质区别，当前创业板市场发展偏离初衷，未发挥实现其设计时的目标。为此，习近平总书记于 2018 年 11 月 5 日在首届中国国际进口博览会开幕式上宣布设立科创板，并在该板块内试点推行注册制，借此增强资本市场服务实体经济的能力，更好地服务科技创新型企业。二是金融市场的投资者结构不合理，股票市场投资者中"散户"比例过高，由于普通公民缺乏专业知识，往往只重视短期收益，造成投机现象严重，股票换手率高，股票指数波动幅度大，不利于股票市场的健康发展。

（2）债券市场内部结构不合理

我国债券市场主要包括国债、地方政府债券、金融债券和公司信用类债券。伴随着经济的高速增长，我国的债券市场规模也不断扩张，但是其内部结构不合理，主要以政府债券和金融债券为主，为企业融资的公司信用类债券占比低，公司信用类债券作为实体经济直接融资的工具作用未得到有效发挥。2018 年，我国银行间债券市场现券交易 150.7 万亿元，从交易品种看，银行间债券市场中政府债券现券交易累计成交 23.5 万亿元，占银行间市场现券交易的 15.6%，金融债券成交 109.3 万亿元，占比为 72.5%，而公司信用类债券现券交易 17.9 万亿元，占比为 11.9%。更为重要的是，很多能够发行公司信用债券的企业都是国有企业或者国有企业控股的公司，有政府的隐性担保，存在"刚性兑付"的问题，使得债券的价格机制被扭曲。

（3）保险市场规模仍需进一步扩大，保险结构有待优化

与发达国家的保险业相比，我国的保险业还有很大的发展空间。首先，保险市场的规模还需进一步扩大。2016 年，我国保费收入 3.1 万亿，居世界排名第三位，而保险密度为 2241 元 / 人，世界排名第 51 名，保险深度为 4.16%，世界排

名第38位。其次，我国的保险市场的产品结构也有待优化，保险公司业务需要及时跟踪和满足民众的保险需求。近年来，伴随着经济的发展，我国人均收入水平不断提高，公民所拥有的私人财产逐渐丰富多样，因此，财产保险需求的规模和种类有了很大的变化，为此，需要不断创新保险产品，优化保险产品结构。

（4）衍生品市场发展滞后

由于我国金融衍生品市场起步较晚，衍生品交易市场规模不足，其风险规避和价格发现机制都不能得到很好地发挥。衍生品市场发展不足在一定程度上加大了金融风险的管控难度。另外，我国金融衍生品市场的参与者结构较为单一，主要以国内外银行、证券公司为主体，保险、基金以及其他机构参与较少，一些境外机构由于受到限制而无法参与国内衍生品市场，衍生品市场价格发现和风险规避机制未能得到充分发挥。

5. 金融资产结构不合理

随着金融发展和金融创新的不断推进，我国的金融资产种类已经相当丰富多样，但随着经济发展和国民收入水平的提高，金融资产的结构还不能很好地满足金融结构需求。首先，货币性金融资产比例偏高。2020年我国货币类金融资产约占金融资产总额的三分之二，这说明虽然金融资产的数量和种类增多，但资产的结构仍比较单一，非货币资产占比太低。其次，货币市场和资本市场的金融工具结构有待调整优化。进入新时代以来，伴随着经济增速放缓，金融资产的结构问题也日益突出，股票波动幅度大、"牛短熊长"；企业债券的规模过小；保险市场规模虽然已经居世界第二位，但保险密度和保险深度仍落后于很多发达国家；金融衍生品规模较小，与发达国家相比较还有较大的差距。

6. 金融制度存在不合理之处

首先，我国分业监管的模式不能很好地适应当前金融业发展的监管需求。随着金融业的发展和创新，分业监管一方面造成了重复监管的问题，另一方面又存在监管缺位的情况。因此，需要对我国监管的模式和组织框架进行调整优化。其次，金融业相关法律法规不健全或者建设滞后，使得金融乱象得不到及时治理。再次，我国金融的三重结构模式正由于国家监管模式的改变，逐渐转变为最初的二重结构。从1978年至1998年，我国的金融制度结构从原始的国家和金融机构二重结构转变为国家、中间结构和金融机构的三重结构。当前，由于金融业垂直管理模式的加强，地方政府作为中间环节，其作用正在逐渐减弱甚，因此，我国金融制度结构有重回二重结构的趋势。这种二重结构有利于金融业的集中管制，但会严重抑制各种金融创新发展。

## 二、我国金融结构问题的原因分析

我国的金融结构存在的问题，与金融改革滞后、历史"路径依赖"，政治、文化和空间地域等都有很大的关系。

### （一）金融改革滞后于经济改革

经过 40 多年的改革开放，我国的经济体制发生了巨大的变化，已经形成了公有制为主体，多种所有制共同发展的良好局面，然而，我国的金融业仍然是以国有金融机构垄断为主。在国有金融垄断主导的背景下，多样化的金融需求很难得到满足。国有金融机构由于自身资产保值增值的绩效需求，必然更青睐优先满足和支持国有企业发展，而对于中小型民营、外资企业的融资需求较少顾及，因此必然造成中小企业"融资难、融资贵"的问题。形成国有金融机构垄断的主要原因是我国金融改革远远落后于经济改革进度，从而造成了金融结构与经济结构的不协调。为此，在我国经济发展由高速向高质量转型过程中，需要大力推进金融供给侧结构性改革，使之能够适应经济发展的需求，促进经济顺利迈向高质量阶段。

### （二）金融改革的"路径依赖"

#### 1. 国家主导的金融制度变迁

我国的金融改革过程主要是由国家主导的、自上而下的变迁过程，其结构基本是在国家设计的基础上形成的，有很强的人为主观性，而非市场自发形成，这一点与许多发达国家金融市场的形成过程有很大区别。国家主导和设计的改革有其自身改革的动机和考量，以国家利益最大化为目标。在改革开放初期至 2008 年金融危机之前，这种国家主导的金融制度变迁，能够积极快速地响应经济发展需求，满足实体经济，尤其是制造业发展对于资金的需求。但是，当微观主体的金融需求与国家宏观调控方向冲突时，只能暂时牺牲微观主体的需求，很多微观主体的金融需求不能得到满足。这就导致了我国金融业以国有金融机构占绝对垄断地位的局面，使得中小企业"融资难、融资贵"的问题长期难以解决。进入新时代以来，伴随着我国经济增速放缓，经济发展方式转变，这种国家主导的金融制度的变迁一定程度上制约了经济发展，尤其是在科技创新和产业升级方面，由于风险和不确定性高，资金支持相对不足。

例如，我国的股票发行采用的核准制，是由我国经济体制渐进式改革所决定的，是符合当时经济发展条件的路径选择。然而，随着我国社会主义市场经济的不断推进，市场在资源配置中的作用越来越重要，这一发行机制已经不能适应经济的发展，甚至在一定程度上制约和阻碍了经济的发展。由于发行机制的限制和缺陷，股票市场对于支持实体经济发展的作用不明显，反而成了大部分企业"圈钱"或"高管套现"的场所。因此，企业发展壮大的动力不在，股票市场的融资能力大大减弱，经济陷入了企业不发展、投资者"用脚投票"的恶性循环。另外，我国的股市最初就是为了国企改革而设立的融资场所，并非像发达国家一样是通过市场自发形成的。这种国家主导型股票市场改革，一开始就带有很强的政府意愿，使得股票市场政策性太强，长期以来形成的"路径依赖"又进一步强化了股票市场对于政策的依赖，而不摆脱政府的束缚，又很难发展成为健康的资本市场。

因此，当前需要在国家主导的制度变迁中，逐步厘清政府和市场在金融体系中的边界，在充分发挥政府作用的同时，引导金融市场化机制发挥其配置资源的决定性作用。

2. 我国金融体系发展起步晚，金融制度建设滞后

与发达国家金融体系相比，我国的金融体系发展起步晚，发展时间不足。首先，我国资本市场起步晚，只有 30 年左右的历史，与发达国家几百年的发展过程相比，相差很远。资本市场是资金需求方直接融资的重要途径，其发展晚必然导致直接融资比重低，间接融资比重高的局面。其次，金融制度虽然可以借鉴国外的成熟经验，但由于各国政治制度、社会文化环境等因素不同，很多制度又不可一味照搬，需要根据实际情况进行改进，因此增加了制度建设的困难，使得制度建设相对滞后。

3. 信用体系缺乏

从历史的发展来看，我国以往只存在一种金融信用，就是国家信用，民间、个人信用极度缺乏。而金融是一种以信用为基础制度安排，信用体系的缺乏也必然导致金融体系发展困难，结构失衡。

（三）其他因素

经济和社会中的其他因素也会导致金融结构不合理，主要影响因素有三个。第一，经济发展不平衡导致金融发展区域失衡。我国地域广阔，各地区经济发展水平相差较大，经济发展水平的不平衡决定了金融发展水平的差异。第二，文化环境的影响。公民的金融需求影响了金融结构的形成，而需求又受到公民偏好的影响。受我国传统文化的影响，我国公民总体偏好相对保守，缺乏冒险精神，长期以来形成的量入为出的消费和投资观念使得民众缺乏金融理念。因此，金融需求的简单化限制了金融创新和结构优化。第三，金融业的国家垄断或准入限制导致民营、外资金融机构进入困难，使得国内现有金融机构提升服务水平动力不足。

# 第三章　经济发展视域下金融制度与结构研究

　　将制度作为经济学的研究对象是新制度经济学对传统经济理论的一场革命。新制度经济学家的研究表明，制度对于经济活动起着极其重要的作用。而金融作为经济的重要组成部分，制度对其的作用也应重视，并深入研究。

　　根据金融结构变迁的一般原则，可以将金融结构优化过程分为金融要素的渐进式优化和制度创新型优化。前者是指在现有金融结构条件下，通过调整金融系统内部各要素来实现金融系统效率和稳定性的提升，包括金融主体工作效率、金融市场效率和宏观金融管理效率的提升。后者是指对现有金融结构的运行基础和规章制度进行创新优化，减少交易摩擦，降低交易成本，并增强系统的稳定性，包括金融主体产权的调整、金融制度的优化和创新。两种金融结构的优化过程是有机配合、交互作用于初始金融结构的，相对而言，后者对于金融结构的影响更加深刻、更加全面。这一观点也印证了本书从金融制度维度分析金融结构的必要性，是属于金融结构理论中不可或缺的重要组成部分。

## 第一节　金融制度理论概述

### 一、金融制度的定义

　　如第二章中所述，金融是市场发育和分工专业化的产物，是经济体系的重要组成部分。同样，金融制度也是经济制度的重要组成部分，是经济制度在金融领域的体现和细化。查阅以往相关文献发现，学者们对于金融制度并未达成一致认可的定义，代表性的观点有两种。从结构论的角度看，金融制度是指有关资金融通的一个系统，它包括构成这一系统的各个组成部门，各组成部门在系统中的地位、职能以及各部门之间的关系；整个社会的资金如何在这一系统中流通以及各金融机构的运作机制；以及在这一系统中的监督管理机制。按照新制度经济学的角度，则可以将金融制度定义为有关金融交易的规则、惯例和组织安排。金融制度通过提供相应的规则和组织安排界定人们在金融交易过程中的选择空间，约束和激励人们的金融行为，降低金融交易费用，减少竞争中不确定性所引起的金融风险，进而保护债务权责关系，促进金融交易的顺利进行。

综上所述，金融制度是指金融系统组成和正常运作的所有规章制度，这些规章制度既包括金融业法律法规等正式的制度，也包括惯例、约定俗成等非正式制度。金融制度保证了金融体系能够正常有序的运作，也决定着金融体系运行的效率，有效率的制度安排能够降低交易成本，提高金融对于资源的配置效率。金融制度是在长期发展中不断演变的，随着经济发展和技术进步，金融制度也会不断改进和变迁，以适应和促进金融体系的不断发展；反之，金融制度如果不能够及时进行改进，则会阻碍金融发展，降低金融效率，进而损害经济发展。

## 二、金融制度的组成和分类

金融制度根据不同的依据可以分为不同的类型。根据金融制度的意义，可以分为正式制度和非正式制度；从供求关系角度，可以分为均衡型金融制度和非均衡型金融制度；根据金融制度涉及的内容，可以分为金融产权制度和金融交易制度；根据金融参与主体的类型，可以分为金融组织制度、金融市场制度、金融监管制度等。金融组织制度又包括金融组织的产权制度、公司治理和经营管理制度等；金融市场制度包括金融市场基础制度、金融交易规则、金融机构行为规范等；金融监管制度包括监管机关对各类金融机构和金融活动的监管法规、规章。

## 三、金融制度的功能与效率

### （一）金融制度的功能

无规矩不成方圆，其中的"规矩"即指制度，可见制度对于人类活动的重要程度。制度是人类社会活动正常运行的基础保障，好的制度能够有效降低交易成本，提高资源配置效率，并通过制度设计有效激励各经济主体最大化地创造社会价值。反之，如果制度不能够适应社会发展需要，则会增加交易摩擦，打击经济主体积极性，降低资源配置效率，进而阻碍经济发展和社会进步。金融制度作为金融系统正常运行的基础保障也不例外，其功能主要体现在以下几方面。

第一，维持金融系统有序、高效地运行。与一般的经济制度一样，金融制度主要是金融系统正常运行所需要遵守的各种规章制度，它的作用就是维持金融系统有序高效地运行，从而为经济运行提供服务。如货币制度是一个国家或地区所有金融活动的基础，金融市场制度就是金融交易活动得以顺利进行的保障。每一项金融制度都有其特定的功能，所有金融制度相互配合、共同作用才保证了金融制度的合理和健全。

第二，降低金融交易费用。新制度经济学的交易费用理论认为，广义的交易费用就是指的"制度成本"，交易费用最小化是组织和制度安排的基本原则。因此，金融制度如何影响交易费用，怎样才能降低交易费用是金融制度研究的重要内容。科斯第二定理认为，在交易费用不为零的情况下，不同的权利界定会使资源配置的效率不同。只要交易成本不为零，制度就对资源的配置效率发生作用，因此，合理的制度能降低交易费用。

第三，为金融部门提供一种激励和约束机制。制度是人们为了满足某种需要而人为创造出来的，它支配和约束着所有社会成员的行为，并能为人们追求利益最大化和经济组织的最大化效益目标提供一种激励机制。同理，金融制度就能为人们追求利益最大化和经济组织的最大化效益目标提供一种激励机制。比如，金融发展需要有效率的金融组织来推动，而有效率的金融组织需要在清晰的产权制度下有制度化的保障体系，这样才能保障个人和金融部门的利益最大化，从而激励金融组织推动金融创新。

（二）金融制度的效率

制度经济学旨在说明制度对于经济产出效率的影响，但制度本身并非生产要素，它只有同经济体的要素相结合才会影响到经济系统的效率。制度能否促进经济系统的效率增长，其关键取决于它与经济体的适应程度，制度经济学将此称之为"适应性"效率。本书讨论的金融制度效率就是指的这种"适应性效率"，而适应性效率的衡量需要从资源配置效率的结果来把握，比如可以对一项制度约束下的人或组织的"产出"结果进行观察，再通过比较来发现该制度的资源配置效率如何。

因此，制度的适应效率最终要体现在资源配置效率上。在金融领域中，金融制度的适应性效率需要通过金融体系对资金的配置效率来衡量，可以从宏观和微观两个层面来建立指标体系对其进行衡量比较。在宏观层面主要基于一个国家或地区内的金融制度的调整对资金配置效率的改变作用；在微观层面主要是指金融制度对于金融机构或融资企业等投融资活动效率的影响。

## 第二节　新制度金融学视域下金融制度与结构分析

本节以新制度经济学和新制度金融学为理论指导，将新制度经济学派的分析框架——交易费用、产权制度及制度变迁应用于金融制度、金融结构、金融制度变迁以及经济效率的研究之中。

## 一、金融交易费用

### （一）金融交易费用的定义

金融市场的交易都存在交易费用，而交易费用的高低直接影响着金融体系的效率，合理的金融制度能够有效降低金融交易费用。而对于金融交易费用的分析，首先需要对这一概念进行明确的界定。

广义的交易费用是指经济制度的运行费用，包括制度的确立或制订成本、制度的运转或实施成本，制度的监督或维护成本，以及制度的变革成本。狭义的交易费用是指交易所花费的时间和精力，包括搜索信息、谈判、签约及履行合同的费用。同理，广义的金融交易费用是指金融制度运行的一切费用；而狭义的交易费用是指金融市场中，相关交易谈判、签约及履行合同的费用。本小节的分析都采用金融交易费用的广义定义，即金融制度运行的一切费用。

### （二）交易费用存在的原因

交易费用本质上是专业化与劳动分工的费用。交易费用的存在主要有三个原因：有限理性、机会主义和资产专用性。有限理性是指人的理性是有局限性的，受智力因素限制，人类的行为无法做到完全理性。交易费用的高低与人的理性程度成反比，理性程度越高，交易费用越低，反之亦然。机会主义是指在信息不对称的情况下，人们不完全如实地披露全部信息以及从事其他损人利己的行为。由于行为人存在机会主义的倾向，使得交易活动变得复杂起来，因此增加了交易费用。如果一种制度限制机会主义的功能越强，该制度下的交易费用就越低，反之亦然。资产专用性是指耐用人力资产或实物资产在何种程度上被锁定而投入的一种特定贸易关系，资产专用性越高，垄断程度也越高，打破该垄断所需的交易费用也越高。

### （三）金融交易费用的类型

新制度经济学将交易费用划分为市场型交易费用、管理型交易费用和政治型交易费用三种类型。市场型交易费用包括：搜索信息费用、谈判和决策费用以及监督合约履行费用。因为市场型交易费用的存在会使资源配置发生一定程度的扭曲，所以需要构建合适的制度来降低市场型交易费用。管理型交易费用主要是指建立、维持或改变一个组织所需的费用。市场和管理交易需要在良好的政治背景下发生，因此提供良好的政治背景和相关公共产品所产生的费用就是政治型交易费用。政治型交易费用主要由两部分组成：一是建立、维持和改变法律框架、政府管理架构、交易体制等有关的费用，二是政体自身运行的费用，包括立法、国防、公正管理等方面的费用开支。市场型、管理型和政治型三种交易费用之间既有联系，又相互区别。市场型交易费用和管理型交易费用可以部分的相互替代，政治型交易费用的降低也可能会导致市场型和管理型交易费用的减少。

按照新制度经济学的分类，金融交易费用也可以分为上述三种类型。这三种类型也同时说明了金融交易费用的产生来源。

（四）金融交易费用的测度

交易费用的测度一直是交易费用理论研究中的关键和难点。可以说，交易费用的测度问题很大程度上决定了新制度经济学的进一步发展。当前，关于交易费用测量的争议主要来自以下几方面：第一，对于交易费用概念界定的不同，交易费用定义不同，其测量的范围和方法也会不一样；第二，测量的目标和精确度不一致；第三，测量的难易程度不一，由于交易费用还与国家的政治体制、历史文化等因素有关，使得交易费用难以衡量；第四，在一个给定的社会环境下，不同的个体和组织所面对的交易费用是非常不同的，因此，也无法统一计算。可见，交易费用的提出虽然对现实的经济生活有很强的解释能力，但是由于其难以测度而使得新制度经济学对于现实经济的指导作用大打折扣。

当然，难以测度和计量并不意味着完全无法对其进行计算和比较。新制度经济学的观点是将交易费用的测量分为宏观和微观两个层次。宏观层面是指制度或体制运行的交易费用，微观层面是指在既定的制度下测量各行业、部门、企业和个人之间的交易费用。通过分为两个层次可以有效解决交易费用概念定义的差异，而且通过比较和分析两个层次之间的关系，上述测度中的其他问题也可以得到一定程度的解决。

同理，金融交易费用的测度也可以分为宏观和微观两个层次，宏观层面是指金融系统运行的交易费用，微观层面是指金融机构内部某个行业、金融机构和个人之间的金融交易费用。

（五）降低金融交易费用

广义来讲，交易费用就是经济制度运行的成本，因此，降低交易费用就是提升经济制度效率的一项重要考量。从交易费用的角度来看，经济制度的好坏可以用交易费用的高低来进行比较，经济制度的改进效果也可以用交易费用的高低来比较衡量。同样，金融交易费用就是金融制度运行的成本，因此，金融制度的好坏也可以用金融交易费用的高低来衡量比较。好的金融制度能够有效降低金融交易费用。那么，金融制度是如何降低金融交易费用的呢？本质上，金融作为社会资金融通的体系，也属于一种制度安排，交易费用对于金融系统而言是最主要的成本，金融制度变迁和金融创新都以降低交易成本为最终目的。因此，金融企业在以自身成本最小化的动机下，通过各种金融创新（包括金融制度优化）降低交易费用，从而促进整个金融系统交易费用的降低和金融配置资源效率的提升，进而促进经济效率提升。

（六）金融交易制度与金融结构：金融市场结构

金融交易制度是保证金融市场交易活动正常进行的制度安排，是金融交易活动参与者应该遵循的规则，金融交易制度决定了金融交易费用的高低。同时，金融交易制度在很大程度上也决定了金融市场结构，包括金融交易参与者结构、各金融市场的规模和比例等。例如我国当前的股票市场，科创板的投资者需要满足投资者合理要求，科创板的上市公司以高新科技、生物医药和高端装备等企业为主体，创业板交易者需要通过风险等级测评，A股主板上市公司要有盈利要求才能申请上市发行股票，以及在公司股权结构上的相关要求等，都会对金融市场的结构造成直接的影响。可见，一个国家或地区的金融交易制度从根本上决定着该国或者地区的金融市场结构。

## 二、金融产权制度与金融结构

根据科斯定理可知，在交易费用为正的真实世界里，产权的初始安排会对经济效率产生影响。可见，产权制度的好坏最终将会影响经济效率的高低。金融产权制度的安排也必然会影响到金融系统效率。

（一）金融产权的定义和构成

新制度经济学认为，产权是人们对财产使用的一种权利，包括所有权、使用权、用益权和让渡权等。同理，金融产权可以定义为基于金融资产的一种权利，也包括上述权利。所有权是指在法律范围内，产权主体把财产（包括金融资产）当作自己的专有物，不允许他人侵夺的权利。使用权是指权利主体使用财产的权利，对于财产的使用可以分为三种情形：使用而不改变原有形态和性质；部分改变其形态和性质；完全改变其形态和性质。用益权也称收益权，是指获得资产收益的权利。让渡权则是指以交易双方一致同意的价格把上述所有或部分权利转让给其他人的权利，这一权利最能够体现产权的完整性。

（二）产权的分类

产权理论中，根据产权的排他性程度将产权分为私有产权、共有产权和国有产权三种类型。私有产权是指权利为私人所有，但并不意味着所有权利都掌握在一人手中，私有产权可以由多人拥有，不同的人可以拥有不同的权利。私有产权的关键在于对所有权利行使的决策完全由私人做出，后果也完全由私人承担。共有产权是权利归属于共同体的所有成员，团体内部的每一个成员都享有同样的权利，但是共有产权在个人之间是完全不可分的。国有产权即国家是权利的所有者，国家按照特定的政治程序来决定权利的使用权。

（三）产权的功能与属性

在资源稀缺的世界里，产权制度对资源的使用有很大的影响，资源初始权利的界定会影响到经济行为和经济效率。

产权的基本功能主要包括以下几个方面：

第一，激励和约束功能。产权的激励功能是通过利益机制来实现的，如果产权不明晰或者有被剥夺的可能，就会造成对未来预期的不确定性。获取未来收益概率的降低，会使得要求得到或创造资产的人减少，从而使投资减少，经济增长率下降。相反，如果产权界定清晰且受到保护，产权拥有者对未来预期稳定，就会增加其投资的动力和信心，投资增加，经济产出增加。

约束与激励是相对的，也即一种负的激励。约束功能主要表现在，界定产权时不仅要明确当事人的利益，也要明确当事人的责任，使当事人明确可为和不可为的界限，如果越权和侵权需要付出相应的代价。

第二，外部性内在化。传统的经济学家对外部性（危害）的处理方面，主张一律实行政府干预。而科斯等新制度经济学家认为可以通过产权谈判和界定使外部性问题内在化，从而使得问题得以解决。大多数情况下，外部性之所以会导致资源配置发生扭曲，是由于产权界定不清所导致的。例如，某河流的上游污染者使下游用水者受到损害，如果给予下游用水者使用一定质量水源的产权，则上游的污染者将因污染水源受到相应的惩罚。通过产权的界定，上游污染者会因为污染的行为支付相应的资金，而下游的受害者则可利用所得资金来治理河水污染。

第三，资源配置功能。在给定的条件下，任何物品的交换价值都取决于交易中所包含的产权，物品中所包含的产权会影响决策的效用，因此，产权安排就会影响资源的配置、产出结构和最终产品分配等。资源禀赋相同的情况下，不同的产权制度会导致不同的经济效率。同时，不同类型的资源要有不同的产权形式与之相适应，合适的产权安排是资源优化配置以及得以有效使用的先决条件。

产权的属性主要有排他性、可分割性和可转让性。排他性不仅指不让他人从一项资产受益，也意味着产权拥有者要对该权利行使中的成本负责。排他性是所有者自主权和产权发挥激励机制所需要的前提条件。只有他人无法分享产权所界定的效益和成本时，这些效益和成本才可能被内在化，才会对所有者的预期和决策产生影响。可分割性意味着产权能被拆解，即资产完整的所有权的权能与其各种具体用途上的权利相分离。产权的可分割性可以增加财产的有用性，是不同需求的群体将某些独特的资产投入到他们所能发现的最有价值的用途上去。可转让性是指所有权通过出售或捐赠等方式产生的产权变化。产权的可转让性保证了产权能在使用上充分发挥其潜能。

（四）金融产权制度与金融结构

金融制度是经济制度的重要组成部分，经济制度从根本上决定着金融制度。资本主义国家实行的是私有经济体制，其金融制度也是建立在私有制经济基础上的；而我国是以公有制经济为主体、多种所有制共同发展的经济制度，因此，我国的金融制度中国有金融组织和各种所有制的金融组织并存。一个国家或地区的基本经济制度从根本上决定了该国家或地区的金融制度，而产权作为经济所有制关系的法律表现形式，也必然受到经济制度的支配，三者的关系表现为：经济制度决定金融制度，经济制度和金融制度共同支配金融产权，这也就决定了金融的产权结构。合理的金融产权制度可以明晰界定金融产权的边界，降低金融交易费用，提升金融发展效率。

当前，我国的主要金融机构包括：银行、券商、信托、基金、保险以及监管机构和金融基础设施机构等。刘绍芳、孙海波（2018）全面梳理了我国上述金融机构的股权结构，结果表明我国绝大部分的金融机构仍是以中央政府和地方政府为实际控制人，也就是我国金融产权结构中国有产权占据了绝对优势，民营和外资金融产权占比极低。我国当前的国有金融制度与我国公有制为主体的经济制度有很大的关系，同时，历史原因也通过"路径依赖"作用深刻影响着当下的金融产权结构。伴随着我国经济体制的市场化改革和多种所有制经济的发展，金融产权的结构也应该朝着多元化发展。

## 三、金融监管制度与金融结构：分业经营和混业经营

分业经营（Separate Operation）是指规定银行、证券公司、保险公司等金融机构业务只能在自身许可范围内进行营业活动，而不得相互渗透和交叉。与此相对，混业经营（Mixed Operation）是指银行、证券公司、保险公司等机构的业务可以互相渗透、相互交叉，而不局限于自身业务的范围。20 世纪"大萧条"之前，美国实行的是混业经营的模式，银行既可以开展存贷款业务，也可以开展证券承销发行等业务，因此，银行有可能直接利用储户存款进行证券交易，从而给存款的安全性带来极大的威胁。1933 年，美国政府出台了《格拉斯 - 斯蒂格尔法》，将商业银行业务与投资银行业务分离，禁止商业银行直接从事债券、股票的承销和交易等混业经营业务。20 世纪 60 年代以来，随着经济全球化和金融自由化浪潮的推动，金融业混业经营逐渐成为一种主导趋势。1999 年 11 月，美国议会通过了《金融服务现代化法》（*Financial Services Modernization Act*），明确废止了《格拉斯 - 斯蒂格尔法》对商业银行与证券公司交叉关联的限制，并许可商业银行以金融控股公司的方式展开多种混业经营业务。进入 21 世纪以后，伴

随着科技发展和金融创新，金融业外部和内部边界逐渐被打破，混业经营的趋势更加凸显。

当前，我国金融系统快速发展，各种金融创新不断涌现，给金融监管带来了很大的挑战。为了避免监管的缺位和多头管理问题，我国于 2017 年 11 月成立了国务院金融稳定发展委员会，作为国务院统筹协调金融稳定和改革发展重大问题的议事协调机构。2018 年 4 月 8 日，中国银行业监督管理委员会和中国保险监督管理委员合并，正式成立了中国银行保险监督管理委员会。

## 四、金融制度变迁与金融结构

制度变迁理论是新制度经济学的重要理论之一，最早由诺斯提出，这一理论主要包括制度变迁中的产权理论、国家理论、意识形态理论和路径依赖理论。金融制度变迁是解释金融结构变化和金融发展的重要因素，它也属于制度变迁的一种。因此，制度变迁理论可以作为指导我们理解和把握金融制度变迁的理论工具。

### （一）制度变迁中的产权理论

诺斯认为，产权对于经济效率有着重要的影响。有效率的产权制度能够通过上述的激励和约束功能、资源配置功能和外部性内在化功能来提高经济效率，促进经济增长。而有效率的产权制度在历史上是不常见的，因此产权的界定、调整、变革和保护是必要的。用有效率的产权制度替代无效率或者效率低下的产权制度过程即表现为制度的变迁。

金融产权制度是金融制度的核心，它是其他金融制度的基础，并决定着金融体系的效率。金融产权制度的变迁是金融制度变迁的关键部分，也是经济制度变迁的重要组成部分，它的影响可能是全面的、长远的。因此，金融产权制度变迁在优化金融产权制度的同时，需要与经济制度的变迁保持协调一致。

### （二）界定实施产权的国家理论

国家提供的基本服务是界定产权以及提供竞争与合作的基本规则。因此，国家对于制度的效率高低负有主要责任。诺斯认为，国家既是经济增长的关键，又是人为经济衰退的根源。可见，国家在制度变迁中的作用是根本性的。同理，国家作为金融制度的主要提供者，对于金融效率、金融结构和金融发展有着根本性的作用。尤其我国一直以来实行的是政府主导的强制性金融制度变迁，国家在金融制度变迁中的主导作用明显，金融制度变迁的绩效高低与国家决策有很大的关系。为此，在分析金融制度变迁的过程时，必须将国家作为一个独立的行为主体来予以考虑，分析其促进制度变迁的预期收益和预期成本，以及面临的约束条件。同时由于金融制度变迁过程中，地方政府和金融利益集团作为独立的行为主体，它们与国家之间的关系也是很好的问题切入点。

（三）意识形态在金融制度中的作用

新制度经济学借助于意识形态理论很好地解释了经济中的"搭便车"问题。不同的地理位置和分工的专业化，结合历史传统、语言、文化观念和宗教形成不同群体各自相异的意识形态。诺斯认为，"意识形态是一种节约机制"，能够有效地降低交易成本。当意识形态一致时，机会主义行为就会减少，交易费用降低；而意识形态共识较弱时，契约成本会较高，从而增加交易成本。因此，意识形态共识是对正式规则的一种有效补充。

从历史长期角度观察，我国自从秦始皇统一便形成了中央集权的社会治理结构。与此种治理结构相匹配的政府信用极强，而民间信用缺失。这一点与欧洲社会相当不同，欧洲社会是采用城邦分封治理，各城邦之间分权制衡，不存在绝对的权力，相互制衡的过程中逐渐形成了信用关系网络，即"分权制衡"下的信用体系。这种历史传统沿袭使得民众潜意识里接受了各自所属的社会环境，并自觉统一到某种思考和行动方式中，从而能够减少摩擦，降低制度成本。

（四）路径依赖在金融制度变迁中的作用

路径依赖对制度变迁具有极强的制约作用，也会影响经济发展。"路径依赖"一词是源于生物物种进化路径的描述，美国经济学家保罗·戴维（Paul A. David）于1985年将其纳入经济学研究之中，用来解释技术变迁中的路径依赖问题。随后，诺斯把技术变迁中的路径依赖引入了制度变迁方面，提出了制度变迁的路径依赖理论。他强调，制度变迁过程中也存在技术变迁过程中的报酬递增和自我强化的机制，这种机制使制度变迁一旦走上某一条路径，它的既定方向会在之后的过程中不断地自我强化。但是，制度变迁比技术变迁更复杂，制度变迁与现行的制度框架、网络外部性和制度体系相关，而且受到行为主体的有限理性、政治利益集团和意识形态等多种要素的影响。

金融制度的变迁过程也存在明显的路径依赖。以我国为例，从1949年以来，我国金融制度变迁的初始条件是高度统一的计划经济，在大一统的计划经济制度下，我国金融制度变迁所推行的是政府主导的强制性制度变迁。造成这种大一统的、计划性的强制性制度变迁路径，也与我国千百年来高度的中央集权制有很大的关系。正如诺斯所言，历史确实是起作用的，我们今天的各种决定、各种选择实际上受到历史因素的影响。另外，不同利益集团博弈也是我国当前金融制度变迁的重要原因，造就了我国当前国有资本垄断银行业和金融市场的格局。如何打破利益集团的桎梏，推动金融制度改革，冲破当前金融制度变迁的路径依赖是我国金融改革的重要问题。

综上所述，金融制度变迁是对现有金融结构的运行基础和规章制度进行创新优化，包括金融主体产权的调整、金融制度的优化和创新。金融制度变迁对于金融结构的影响是基础性的，它能够从根本上改变金融运行的基础，从而促使金融结构发生调整。例如，金融产权制度的变革，必然导致金融系统内部结构的变革，局部改变或者打破现有金融系统的组织框架。金融结构的变化也会反过来促进金融制度变迁，两者是作用与反作用的过程。要推进我国金融结构优化，深入研究我国金融制度变迁，可以充分借鉴新制度经济学和新制度金融学的现有成果，从交易费用、产权和制度变迁角度探寻金融制度改革的方向和途径。

制度对经济活动起着极其重要的作用，而金融作为经济的重要组成部分，制度对其的作用也理应重视。金融制度是指金融系统组成和正常运作的所有规章制度，它保证了金融体系能够正常有序地运作，也决定着金融体系运行的效率。有效率的金融制度能够有效降低金融交易成本，提高金融对资源的配置效率。金融制度会随着经济发展和技术进步而不断改进和变迁，以适应和促进金融体系的不断发展。

# 第四章　创新角度下金融结构、科技与经济的创新

　　金融要为实体经济服务，为处于不同发展阶段、不同规模的实体经济服务，就需要有不同类型和不同规模的金融机构或金融市场与之相对应，提供适宜的金融服务。科技创新对于经济发展的作用也是通过科技成果的转化来实现经济创新型发展的。然而，科技创新从萌芽发展到成果转化再到产业化生产，再到技术淘汰进入下一个创新的整个阶段都伴随着金融服务，需要不同类型和不同规模的金融机构为之提供相应的金融服务，进而保证该阶段科技创新的顺利推进。

　　科技创新需要资金支持，科技创新的不同阶段风险程度不同，资金需求规模也不相同。金融作为支持科技创新的最主要融资渠道，需要结合不同阶段的风险特性提供相应的资金支持，同时要保证金融系统自身风险可控。不同金融机构的风险偏好不同，导致其风险约束不同，因此其风险收益曲线会不同。根据不同的风险收益曲线，可以将金融机构分为不同的层次结构，进而匹配不同的科技创新阶段，使得各个科技创新阶段都能得到资金支持，进而促进科技创新的推进和科技成果的顺利转化，最终促进经济实现创新型发展。

　　适当的金融结构能够通过风险共担、利益共享机制为科技创新项目筹集到所需资金，从而支持科技发展；而科技的发展和新技术的应用又能促进金融创新进而促使金融结构发生改变。

## 第一节　金融结构与科技创新

### 一、金融结构对于科技创新的作用机制

（一）科技创新的定义及特征

1.科技创新的定义

科技是科学和技术的总称。所谓科学，是指关于探索自然规律的学问，是人

类探索研究感悟宇宙万物变化规律的知识体系的总称。而技术是指"生产实践和自然科学原理而发展成的各种工艺操作方法和技能","除操作技能外,广义的还包括相应的生产工具和其他物资设备,以及生产的工艺过程或作业程序、方法"。科学与技术之间的关系密不可分。科学通过观察世界,发现和总结规律,提高人类对世界的认知。技术则是通过对认知的研究,得到能够提高现有技术的方法。

科技创新是科学研究和技术创新的总称,是指创造和应用新知识、新技术和新工艺,采用新的生产方式和经营管理模式,开发新产品,提供新服务的过程。科技创新的最终目的是提高人类劳动生产率,降低生产成本,创造新价值,进而使人类社会的财富不断增加,经济持续发展。

2. 科技创新的特征

由于难度高、不确定性大,科技创新过程一般具有高投入、高风险、高收益、周期长和外部性等特征。

第一,高投入。首先,科技创新的主体是人,要想创新,必须有人力资本的投入,需要培养大量的高科技人才和科研人员。其次,科技创新的过程中需要投入相当的物力支持,例如,精密的科研设备器材和试验基地等。而人力和物力的不间断投入需要有充裕、持续资金的支持。可见,科技创新是一项高投入的经济活动。

第二,高风险。科技创新的不确定性导致了科技创新的高风险。创新者在创新过程中,不能确定在哪一个方面以何种原则突破能够成功,也不能确定这种创新会造成何种结果,因此大大增加了创新的风险。有统计表明,国际上创新成功的概率仅在 10% ～ 20% 之间,产品的创新成功率也只在 20% ～ 30% 之间。

一般而言,科技创新的风险性主要来源于技术、市场、收益和环境四个方面。技术风险包括技术开发难度大,关键技术难突破,存在技术障碍和技术壁垒以及实验条件缺乏等;市场风险是指新产品由于产品特性或消费者习惯等因素短时间难以被市场接受或认可而导致的创新失败;收益风险是指由于新技术更新迭代的加快,可能会导致创新者的成本未收回便被更新的产品所取代而造成损失的风险;环境风险主要指由制度环境、政策变化、文化习俗等因素造成创新产品可能受到限制的风险。

第三,高收益。科技创新的风险巨大,但是成功收益也是相当高。从一个国家或地区的宏观角度来考察,创新的总体收益期望仍然很高,成功的科技创新带来的总体收益大于所有科技创新所支付的成本。技术创新能给单个企业带来丰厚的回报,使其迅速占领市场,处于有利的竞争位置,一定程度上能够带来垄断利润。这也正是创新对于微观主体的巨大吸引力所在。当然,企业为了能在市场上保持自身的优势地位,就需要在研发方面投入大量的成本,进行持续的科技创新。

第四，周期长。产业化周期长是科技创新的一个重要特征。一项完整的科技创新一般包括如下过程：基础研究－应用研究－成果转化－产品市场化－规模化生产－产品过剩－衰退。在产品市场化之前的研究和成果转化阶段，企业几乎没有收益，只能靠投入维持生存。而进入市场推广阶段仍要面临市场不接受产品的风险，需要投入大量的推广费用，只有当产品被市场认可后，前期的投入才能收回，然后经过数年时间企业收支平衡，进而实现盈利。在这一相当长的时间内，如果得不到持续的金融支持，科技创新可能会在中间的任一个环节夭折。

第五，外部性。所谓外部性是指企业或个人向市场之外的其他人所强加的成本或利益，外部性又可以分为正外部性和负外部性。科技创新的正外部性是指科技创新可以提高科技水平，降低生产成本，从而增加整个社会的财富，为社会创造更高的边际收益；负外部性是指如果科技创新的成本高于收益，则会抑制企业创新的积极性，企业创新的动机下降，降低社会的福利。基础研究和基础应用研究具有很强的正外部性，一般是通过国家财政基金支持来满足其对于人力和物力的需求。企业层面的一般创新项目或者技术改进，由于设置了明确的技术专利条款，很大程度上能够避免外部性。

（二）科技创新对于金融的资金需求分析

科技创新对于人类社会的发展来说是至关重要的，但是由于其对知识累积的要求，以及高投入、高风险和转化周期长等特征，使得了金融需求在各个阶段表现出不同特征。

1.科技创新的阶段及其金融需求

（1）融资顺序理论

融资顺序理论。（Pecking Financial Order Theory）是由 Mayers（1984）提出的，他将信息不对称理论引入到企业融资结构的研究中，认为各种融资方式的信息约束条件和向投资者传递的信号是不同的，由此产生的融资成本及其对企业市场价值的影响也存在差异。企业的融资决策是根据成本最小化的原则来依次选择不同的融资方式，即最先选择无交易成本的内部融资；其次选择交易成本较低的债务融资；最后才会选择信息约束条件最严的股权融资。然而，融资顺序理论只能在特定制度下或者短期内解释企业的融资行为，不能够在长期内和动态发展过程中揭示企业发展中资本需求的变化规律。

（2）基于企业生命周期的金融成长周期理论

金融生命周期理论是在企业生命周期理论的基础上发展而来的。该理论把企业的金融成长周期分为初期、成熟期和衰退期三个阶段。后来又有学者对该理论进行了补充和扩展，将企业的金融成长周期分为六个阶段，即创立期、成长阶段

Ⅰ、成长阶段Ⅱ、成长阶段Ⅲ、成熟期和衰退期。

1998 年，Berger 和 Udell 修正了企业金融成长周期理论，他们把信息约束、企业规模和资金需求等作为影响企业融资结构的基本因素，并运用信息不对称理论构建了企业融资模型，研究结论表明，在企业成长的不同阶段，企业的融资结构会随着信息约束、企业规模和资金需求等因素的变化而变化。创立期的企业，面临技术、市场、管理等多种风险，企业所需资金主要来自所有者的自有资金；成长阶段的企业，可抵押资产增加，有了一定的企业信用，可以通过金融中介机构获得外源融资；成熟期的企业，信息透明度高，财务制度完备，可以在公开市场上发行证券，融资渠道较多，股权融资比重上升；衰退期的企业，资本会逐步撤出，企业原有的产品或服务逐步被淘汰，企业需要寻找新的项目以求发展。

总的来说，初创期的企业外源融资约束紧，融资渠道窄；随着企业的逐步发展，企业的外源融资约束变小，融资渠道变宽。因此，需要根据企业的不同成长阶段，匹配不同的金融服务。

（3）科技创新周期各个阶段的融资特征

科技创新的过程与上述两个理论分析的企业成长过程基本一致，因此，可以将上述理论应用于科技创新周期的分析。我们将科技创新周期拓展为五个阶段：研发期、初创期、成长期、成熟期和衰退期，在每个阶段科技创新的金融需求表现出不同的特征。

研发期：研发期是一项新技术和新观点的提出和实施阶段，这一阶段对于资金需求规模比较小，资金大部分来自于自有资金和政府科技项目资金支持，主要是在人力资本和相关实验器材方面的投入，因此，融资约束问题不突出。另外，这一阶段由于研发成果的不确定性，面临着很大的风险，所投入的时间成本、人力、物力、财力都有可能付诸东流。因此，这一阶段的特征是风险程度高、机会成本高、资金需求规模小、融资约束问题不明显。

初创期：这一阶段主要是科技创新成果的转化，即从科技创新到商业化产品的实现，企业注册成立，并进一步向市场推广产品，根据市场对产品的反馈不断完善产品设计。在科技成果的转化过程和产品市场化期间有可能面临着两个风险：一是科技成果难以转化；二是产品不被市场接受或认可。该阶段除了研发费用投入外，还需要在市场推广方面投入资金，例如培养用户习惯等。同时，由于这一阶段企业业务流程不规范、财务记录缺乏，企业信息处于内部封闭状态，因而获得外部融资的可能性较小，主要依靠内部融资或自有资金。因此，这一阶段的特征是风险程度较研发阶段略微降低，资金需求上升、融资约束问题开始显现。

成长期：企业的新产品得到市场接受或认可，开始规模化生产，并扩大市场份额。这一阶段企业不但要在研发方面继续投入资金，而且需要购置大量固定资产用于产品的规模化生产，同时还需要在市场推广方面加大投资，以期占领市场，获得垄断利润。随着企业规模扩大，可抵押资产增多，企业的各项记录逐渐规范，信息透明度提高，可以通过外部融资来支持企业的发展。因此，这一阶段的特征是企业风险程度降低、资金需求扩大、融资约束问题得到缓解。

成熟期：企业产品逐步成熟完善，同行业中模仿的产商增多，企业垄断利润可能下降，但仍占据主要的市场份额。这一阶段企业在研发方面的资金减少，主要投入在于固定资产更新，企业规范运营以及技术局部改进等。成熟期的企业，信息透明度高，财务制度完备，能够在公开市场上发行债券，也可以通过上市发行股票，进行权益融资，融资问题基本不受约束。因此，这一阶段的特征是企业盈利稳定、融资不受约束、资金需求和供给能通过市场实现完美匹配。

衰退期：企业原产品或服务的市场需求下降，企业需要重新投入研发或实现产品升级。从而，逐步开始下一周期的科技创新周期。因此，科技创新周期的衰退期和下一周期的研发期有一定的重叠部分，这样才能保证企业的可持续发展。

通过上述分析可以看到，科技创新的各个阶段面临的融资约束、融资规模和风险程度各不相同，因而需要有不同的金融机构和金融工具来满足其融资需求，并实现风险分担。

2.影响科技创新对于资金需求的因素

科技创新对于资金的需求也会受到其他因素的影响。首先，企业管理者或者科研项目团队的行为会从主观方面影响到资金需求，他们的决策会改变科技创新对于资金的需求。其次，技术因素。技术会从根本上影响着人们的行为和决策。伴随着技术进步，以往无法实现的融资需求也可以通过新的融资途径或金融创新得以满足。因此，技术进步也会影响到资金的需求。关于科技创新与金融创新的关系本章第二节会进一步详细论述。再次，信息因素。在现实的经济当中，信息不对称是制约各经济主体做出合理决策的主要因素，因此也会对资金的需求造成一定程度的影响。最后，制度因素。企业或者科研项目融资实质上是通过一系列社会制度安排实现的，好的制度安排会减少资金需求实现的障碍，优化资金供需的配置，提高资金的使用效率。

（三）金融对科技创新的资金供给分析

1.资金供给的方式

金融对于科技创新的资金供给主要有下面三种方式，不同的供给方式对应科技创新的不同阶段，资金供给方所享受的权益和所承担的风险程度不同，各自存在优缺点。

（1）财政资金支持

由于科技进步对于经济增长的巨大促进作用，而且科技创新具有很强的正外部性，世界各国政府普遍非常重视对于科技创新的支持，包括资金支持、政策倾斜等方面。资金支持可以归纳为直接支持和间接支持两种，其中，直接支持主要包括对科研机构或者科技项目进行拨款或资助，对于人才培养的补贴，对科技成果转化中专利认定的资助。间接支持主要有税收优惠和金融引导扶持政策等。财政资金的供给比较稳定，而且可以引导社会其他资金投入，但是财政资金由于投资主体缺位和缺乏有效的激励和约束机制导致科技投入产出效率较低。

（2）内部融资

内部融资是指公司利用自有资金筹集投资项目所需要的资金的行为。对于科技创新而言，内部融资主要是指科技创新主体利用自有资金投资科技创新项目的行为。另外，企业或者科技创新主体也可以通过员工持股计划来筹集所需资金。相对于外部融资而言，内部融资减少了信息不对称以及由此导致的相关激励问题，节约了交易费用，降低了融资成本，同时保留了企业或者科技项目的剩余控制权。但是，内部融资由于资金规模小，会极大地制约科技创新项目对于资金的需求。

（3）外部融资

外部融资是指公司通过资本市场或者金融中介筹集项目所需要的资金的行为，是公司或者科技创新主要的资金来源。外部融资又可以分为直接融资和间接融资两种方式。直接融资是指公司通过发行股票或者债券来筹集所需要的资金，包括接受各种投资机构的股权融资行为。而间接融资是指公司通过金融中介机构贷款来获得项目所需要的资金。外部融资的优点是在不受融资条件约束的情况下，资金供给可以是足够充裕的。然而，任何事物都是有两面性的，外部融资虽然供给充裕，但它需要让渡部分公司控制权和受益权。

2. 金融提供资金的效用

上述几种资金的供给方式，外部融资是科技创新的主要资金来源，而外部融资主要是通过金融系统来获得资金支持的。金融系统支持科技创新的效用主要表现为金融可以通过多样化的金融工具、多层次的市场满足科技创新各个阶段所需要的资金需求，并通过各种金融安排分散各个阶段所面临的风险。由于金融部门投资主体多元化，各个主体所能承受的风险收益程度不同，使得科技创新项目在各个阶段的资金需求都能匹配合适的资金供给，从而满足科技创新项目持续的资金需求，保证科技项目的顺利推进，而不至于因为资金供给中断而导致科技创新项目失败。由于科技创新具有高风险、高收益的特征，一旦科技创新项目获得成功，资金供给方将获得相当高的资金回报。相反，如果科技创新项目失败，资金供给方通过风险分担机制、风险承担主体多元化等措施能够有效的实现风险分散，避免了风险过于集中而导致的任一投资主体承担过重的投资失败冲击。正是通过这种高收益的驱动和合理的风险分担机制，科技创新才能够通过金融系统顺利获得资金支持。

有部分学者研究认为，18世纪英国发生工业革命的核心原因是金融创新，主要表现在几个方面：一是各种金融中介机构的涌现，包括银行、合伙银行、保险公司等金融机构；二是伦敦证券市场的形成，为各种证券交易提供了极大的便利；三是各种金融业务的创新，包括借据可转让、票据贴现、原始股认购、股票交易等。这些新形式的金融工具满足了英国投资者进行产业创新与技术创新的资金需求。这些观点虽然夸大了金融对于工业革命的作用，但至少从一个维度说明金融通过满足科技创新的资金需求，从而能够极大地促进科技进步。

（四）金融结构与科技创新

通过上述对科技创新的阶段和金融成长周期理论的分析，我们可以看到科技创新的每个阶段都需要有不同风险承受能力的金融机构为之提供差异化的金融服务，从而满足其对于资金的需求，并保证各投资主体的风险可控。为此，针对科技创新的不同阶段，我们可以匹配不同的金融机构或金融工具为之提供相应的金融服务。

1.金融机构组成与科技创新

结合前面部分对科技创新企业、科研项目的资金需求以及资金供给方式的分析，根据各金融机构的风险承受度和投资偏好可以对应于科技创新的各个阶段。

2.金融结构与科技创新

金融结构不但包括金融结构的组成部分，还关注各个组成部分的比例情况及其变动。科技创新是随着经济发展不断变化的，因此，金融结构也需要随之发生相应的变化，科技创新和金融结构表现为动态演进的关系。总体来看，一个国家或地区经济发展过程中各个阶段的科技创新总量是随着经济发展程度的提高而逐步提升的。对比了中国、美国、德国和日本2017年至2022年研发支出占GDP的比重，可以看出，我国从2017年以来研发支出比重在逐年上升，其他三个国家的研发支出占比基本稳定在2.5%～3.5%之间。

在科技创新总量加大的情况下，只有政府财政资金的支持是远远不够的，需要在政府资金支持的引导下，充分发挥金融系统的功能，满足科技创新对于资金的需求。同时，科技创新总量的增加，必然导致可投项目总体风险增加，这也意味着对于风险投资的需求增加；为了满足风险资金的供给，金融系统中私募股权基金和风险投资机构的供给必然增加，表现为金融结构中风险资本的比例增大。可见，金融系统是通过不同的金融供给方式，改变金融系统的自身结构以适应科技创新对于资金的需求，而使得科技创新顺利推进。

## 二、科技创新对于金融结构的作用机制

科技创新对经济发展有着根本性的推动作用，会导致经济和社会形态发生重大变化。当然，作为经济体的重要组成部分的金融系统也不例外，金融结构也必然随着整体的变化而变化。科技创新作用于金融结构的方式主要是通过金融创新来实现的。

### （一）金融创新的相关理论

#### 1. 金融创新的定义和种类

金融创新是指人们创造出新的金融组织、新的金融工具和金融制度来更加合理地配置金融资源，获得更高的收益或降低风险的活动。科技创新的推广和应用，推动了金融创新和金融发展。金融创新一般可以分为金融机构创新、金融市场创新、金融工具创新、金融制度创新，以及金融基础设施和交易方式的创新，这些创新最终会导致金融结构变化。

#### 2. 金融创新的动因

金融创新的动因何在？纵观人类社会金融发展过程，可以将金融创新的动因归纳为科技创新驱动、金融需求驱动、降低交易费用和规避管制四种原因。

（1）科技创新驱动

科技创新为金融创新提供了技术支持。特别是现代信息技术的发展，使得金融领域的创新层出不穷。可以说，科技创新对于金融创新的驱动是根本性的。现代信息技术和通信技术的进步，极大地便利了金融活动，大幅降低了交易成本，而且金融机构在利用现代科技的基础上开发设计出了多样化、精准化的新金融产品和新金融工具。下文会进一步论述科技创新对于金融创新的作用方式，此处不再赘述。

（2）金融需求驱动

金融需求驱动是指金融创新是金融系统在金融需求的驱使下创新金融服务和金融产品的行为。随着经济发展和居民收入水平的提高，各微观主体产生了新的金融需求，为了使这些需求得到满足，金融供给方会进行相应的金融创新，满足金融需求的同时实现更多的利润。这一点可以从投资银行的业务演变过程清晰地看出。投资银行的传统业务就是帮助政府、企业发行承销证券和公司兼并收购，从中赚取收入。而随着经济发展和居民收入水平的提高，当前投资银行的业务重心已经转向了资产管理和代客理财。有统计表明，20 世纪 60 年代时，美国投资银行的收入中佣金和承销收入占到了 70% 左右；到了 2010 年，这两项业务的收入占比下降到 30% 以下，而资产管理相关业务的利润占比则超过了 50%。可见，当前投资银行的业务重心已经从传统的"卖方业务"转向了"买方业务"，即以

往主要是帮助项目融资，而当前主要是代理客户进行投资。投资银行的这些业务创新和重心转移就是在金融需求的驱动下逐步演变的。

规避风险是金融需求的另一方面。由于我们日常生产和生活中都面临着各种突发事件和不确定的风险，为了合理规避风险，人们不断创新发明了各种新的金融组织和金融工具。各类保险公司的出现就是为了以较小的代价应对较大损失的一种金融工具。各类衍生金融工具如远期合约、期货、期权等的出现也是为了规避风险而创新发明的金融工具。

（3）降低交易费用

信息不对称导致了金融活动中产生交易成本，而金融创新能够降低信息不对称的程度，进而有效降低交易成本，提高了金融资源的配置效率。为了降低交易费用，金融机构创造性地利用新技术、新模式或新管理理念进行金融创新，降低经营成本。交易成本的高低决定了这些金融创新是否具有实际的应用价值，即决定了金融创新的成败。例如：货币的出现克服了需求的双向耦合问题，从而扩大了交易的范围和深度；商业银行的出现极大地降低了资金供求双方的搜寻信息成本，降低了金融活动的交易成本；欧元的诞生和使用，大大降低了欧盟内部成员国之间的交易费用，促进了商品、劳务和资本的自由流动，促进了欧盟内部社会福利的提高。

（4）规避管制

金融由于在经济体系中处于重要的地位，受到政府监管较多，以保证金融市场稳定。政府许多的管制措施在一定程度上会阻碍金融机构获取更多的利润，或者减少了金融机构获利的机会，而金融机构为了规避政府监管，获取更多的利润，就需要进行金融创新。而金融创新过多容易引起投机盛行，引起金融市场的波动，为此政府需要采取相应的措施进行监管。新的监管措施又会引起新的金融创新，两者交替往复，形成螺旋式的上升过程。20世纪30年代以前，投资银行和商业银行的业务是采取混业经营的方式，各个财团既经营商业银行存贷款业务，也经营发行承销、兼并重组等业务，银行可以直接利用储户的存款进行证券投资，因此，造成了股市的强劲上涨，催生经济泡沫。在经济危机爆发后，美国政府反思政策走向，于1933年颁布了《格拉斯-斯蒂格尔法》（Glass-Steagall Act），要求商业银行业务和证券业务要严格分开，实施分业经营。但是，随着投资银行业务的创新发展，分业经营的态势又被打破了，到1999年，由克林顿政府颁布了《金融服务现代化法》（Financial Services Modernization Act），废除了《格拉斯-斯蒂格尔法》有关条款，结束了美国长达66年之久的金融分业经营史。2007年美国次贷危机以后，美国政府再次加强监管，对投资银行的创新业务采取了更为严厉的监管措施。可见，金融监管在一定程度上促进了金融业务的创新，在监管和金融创新双螺旋上升的过程中，推动了金融业的不断发展。

3.金融创新的机制及环境因素

从金融创新的过程来看，金融创新可以分为创新产生和扩散两个阶段。

创新是对外部环境变化的一种反应，影响金融创新的制度环境主要有两类：一是金融监管环境，金融创新与金融监管的相互关系是金融理论研究领域的一个热点问题。正如前文所述，金融创新是基于规避监管的动机而产生的，也部分说明了监管环境对于金融创新的影响作用。金融创新在"监管—创新—监管—创新"的互动中实现螺旋式的发展。二是金融法治环境，法律体系会影响到金融体系的创新能力。有专家学者比较了大陆法系与英美普通法系国家，发现普通法系国家更容易产生金融创新。

（二）科技创新对于金融的作用方式

科技创新为金融创新提供相应的技术支持，是金融创新的根本推动力，对于金融的作用方式主要表现在以下几个方面。

1.科技创新与货币演变

纵观货币的演进过程，可以发现货币的变化与科技进步是息息相关的，科技进步推动了货币形态的演变。货币的发展大致经历了实物货币、金属货币、纸币和虚拟货币几种形态，每种形态中又包含有不同的货币种类。原始社会时期，人类社会技术水平低下，用来充当货币有贝壳、龟壳、布匹、丝绸及牛、羊等实物。随着金属冶炼技术的发展，逐渐出现了金属货币，如铜币，以及后来出现的贵金属黄金和白银。印刷技术的发明又推动了纸币的出现，极大地便利了商品流通和商业信用往来。我国最早的纸币出现在北宋前期，四川一带的商人为了商品经营的方便，发行了交子，作为铁币的代用币，并设立了经营现金保管业务的"交子铺户"。然而，由于纸币的信用问题，一直未能成为主要货币，随后的几百年来，一直是以金、银贵金属作为主要货币，尤其是在国际贸易往来中。在各国国家信用体系的支撑下，纸币逐渐发展成为主要货币。20世纪30年代，由于世界性的经济危机，许多国家被迫改为发行以国家信用为背书的法定货币，包括纸币和硬币，硬币一般作为辅币使用。20世纪六七十年代以来，伴随着计算机和信息技术的发展，出现了电子货币，如各种银行卡、信用卡和电子钱包等。进入21世纪以来，区块链技术的蓬勃兴起又推动了数字货币的产生和发展，例如比特币（Bitcoin）、泰达币（USDT）等。当然，数字货币作为一种新生事物，仍然存在很多技术方面的问题和制度方面的制约，并未被各个国家和公众所完全接受，因而，短期内难以取代纸币成为主要的流通货币。

2.科技创新对于金融基础设施的改变

科技创新作用于金融系统最直接的方式就是通过改变金融系统的基础设施从而改变金融活动的方式。这些变化极大地提高了金融交易的便利性，降低了金融交易的成本，提高了金融系统的效率。银行系统的 ATM 自动存取款机、网络银行以及手机银行，证券市场的交易方式，保险公司的电子保险单，我们日常进行商业活动的支付方式和支付工具等都是科技应用于金融基础设施后带来的改变。由于客户数量的增长和金融产品的增多，金融系统的信息存储、传递、处理和分析需要有稳定而高效的数据库技术来支持，以确保信息精准和交易平稳运行。金融网络技术的应用使得金融覆盖范围越来越广，不同地域之间的关联程度加深，全球分散的金融市场通过互联网连接成了一个整体，金融全球化和一体化的趋势已然形成。

此外，科技创新还改变了金融系统的服务方式。计算机技术能够代替各种人工进行的重复工作，以往每笔交易都需要人工操作完成，为此需要占用大量人力、耗费大量时间，用计算机替代相关工作后，极大地解放了人力劳动，使得交易不再被地理空间限制。客户可以自助通过网络终端享受不同的金融服务，增加了交易的灵活性和安全性。

3. 科技创新对于金融机构的影响

（1）新金融机构的出现

熊彼特在其著作《经济发展理论》中提出了创新的概念，并指出了创新的五种情况：产品创新、技术创新、市场创新、原材料创新和组织创新。金融机构作为一种金融服务组织，伴随着科技创新和金融需求的变化，也需要进行相应的组织创新，即产生和演变出新的金融机构。20 世纪初，金融机构主要以银行为主，非银行金融机构较少。第二次世界大战以后，伴随着各国经济的迅速发展，先后出现了保险公司、养老基金、住宅金融机构、信用合作社、互助基金等非银行金融机构。进入 21 世纪以来，随着互联网和信息技术的发展，各种互联网金融公司、P2P 网络借贷平台大量涌现，比如蚂蚁金服、微众银行等互联网金融机构，以及支付宝、京东金融、陆金所等各种网络支付借贷平台。这些新金融机构的产生和发展，在一定程度上拓宽了金融服务的渠道，创新了金融服务的方式，满足了部分实体经济的融资需求，促进了实体经济发展。

（2）科技创新推动了金融工具和金融产品创新

科技创新以及科技在金融系统中的应用，能够促进金融产品和金融工具的创新。在人类的早期社会，由于技术水平相对落后，金融产品和金融工具较为简单，而且数量和种类较少。经过几次技术革命，特别是第三次技术革命之后，金融产品和金融工具的数量和种类有了极大的提升。其中主要的原因就是科技发展和科技在金融系统中的应用，为金融产品和金融工具的创新提供最主要的技术支持。现代社会中，各大银行发行的银行磁条卡和IC芯片卡，以及在该产品基础上推广的借贷和信用业务都是在信息技术和存储技术支持下产生发展的。另外，在金融市场上进行的各种衍生品交易，也是在计算机和互联网技术的推动下，才产生发展的。期货、期权等金融衍生工具需要通过结构化模型和计算机信息技术才能完成大量的业务计算和业务交割。同时，伴随着科技创新在金融系统中的应用，也催生了许多新兴金融交叉学科，例如，金融工程学科主要是在数学、物理学、工程学和计算机编程等基础上综合发展而成的，它主要是利用工程化手段和方法来解决金融的技术开发问题，包括金融产品设计、金融产品定价、交易策略设计、金融风险管理等方面。这一学科的产生极大地推动了金融产品和金融工具创新的广度和深度。

（三）科技创新、金融创新与金融结构

上述的分析表明，科技创新通过一些方式推动了金融创新，而金融创新则会改变现有的金融结构。例如，新的金融结构产生，必然改变现有的金融体系和金融机构组织框架，也就是改变了现有的金融结构；同理，金融工具的创新，会改变现有金融工具的组成和比例关系，同时也会改变金融资产结构。

# 第二节　创新型经济发展视域下金融结构与科技创新

## 一、创新型经济发展

（一）创新型经济发展的内涵

创新型经济发展主要是指经济的发展是以创新为主要驱动力、以科技创新在经济发展中贡献度的提升为主要标志。按照熊彼特的创新理论，创新包括五种方式，但科技创新是根本性的，是创新发展的核心和关键。科技创新包括科学创新和技术创新两个层面。科学层面的创新是根本，自然科学类以新的发现为核心，社会科学类以新的思想为核心，科学创新结果重在为技术创新提供理论依据。技术层面的创新以新的创造发明为核心，创新主体是投身于具体生产活动的企业，创新结果重在科研成果转化、技术突破与新产品的发明。置于本书理论分析的框架中，科技创新不但能够促进实体经济的创新发展，也能够有效带动金融部门的创新发展，即科技创新能够促进整个经济体的创新型发展。

（二）创新型经济发展的路径

创新型经济发展或者创新驱动经济发展的路径主要包括以下三个方面。

1. 创新驱动新产业发展

创新发展重点是发展新兴产业，寻找新的具有增长潜力的支柱型产业，以点带面逐渐扩散，从而推动经济全面发展。三次工业革命都是在科技创新的推动下，实现了人类社会经济的快速发展，充分说明了科技创新对于经济发展的推动作用。具体到我国当前发展阶段而言，应该积极发展节能环保产业、信息产业、新能源产业以及生命科学相关产业。

2. 创新驱动新产品开发

新产品的发明和供给直接关系人类的生存和发展，是创新发展在微观层面最直接的表现。传统的消费者行为理论认为消费者在商品生产的品种和数量上起决定性作用，以消费者主权为最高原则，称之为"消费者主权"；而"生产者主权"观点则认为消费者的购买和消费是听从生产者的引导和指示的，这两种理论的区别在于：前者建立在人的"生理需求"之上，而后者建立在人的"心理需求"之上；前者适用于商品供给不够充裕和居民收入水平不高的经济发展阶段，后者适用于商品供给较为充裕、居民收入水平较高的经济发展阶段。伴随着经济发展和人均收入水平的提高，"生产者主权"的观点更加适用于分析经济发达阶段的产品供求关系。为此，需要不断创新产品和服务，满足人们对于各种产品和服务的多样化需求。

3. 创新驱动新业态成长

首先，新业态主要是指一个行业或者领域组织方式的创新，或者是各行业之间的融合发展。对于传统产业，需要在原有基础上探索新的产业发展方向，为原有产业形态赋予新时代新科技的全新内涵。其次，科技创新会不断打破原有的行业界限，使得行业之间出现相互融合发展的态势，形成新的行业模式或新业态。例如，当前金融与科技的融合发展，已经打破了金融与科技的界限，出现了科技金融公司等新业态和新组织机构。最后，将新成果推而广之，在科技不断创新的驱动下，必将出现更多的行业融合和新业态的产生，从而推动人类社会不断发展。

## 二、金融结构、科技创新与经济创新发展的作用机制分析

通过本章的分析，我们可以将金融结构、科技创新与创新型经济发展三者的作用机制归结如下：主动优化金融结构，使之能够适应科技创新对于金融的需求，给科技创新提供充裕的资金支持，保证科技创新的每个阶段都不会因为资金短缺而停滞，而科技创新成果的转化会带来产品创新或者劳动生产率的提升，从

而使得产出增加，经济发展；同时，科技创新会应用于金融行业，产生金融创新，产生新的金融机构或者金融工具，提升金融行业效率，优化金融结构，促进金融和经济发展，而这一发展过程的动力都是来自科技创新，因此称之为创新型经济发展。

　　总之，科技创新是经济高质量发展的第一推动力。科技创新也需要金融系统为其提供资金支持，因此，金融体系能否有效支持技术改进和技术创新，是中国经济转型与产业升级的关键。建立适于技术改进和技术创新的金融结构，是中国经济可持续发展的关键。

# 第五章　　理论角度下循环经济与金融支持

## 第一节　　循环经济与金融支持概述

### 一、循环经济概述

（一）循环经济产生

18世纪60年代工业革命以来，人类社会有了长足的发展。在经济发展过程中，人们认识到环境与资源逐渐成为影响人类社会进一步发展的要素。所以，随着全球性环境问题的加剧以及可持续发展思想观念的深入，人们开始反思传统的经济增长方式和环境治理手段，并寻找新的发展模式和环境管理手段。在不断探索和总结的基础上，人类的发展观经历了以单纯追求经济增长为主到经济社会协调发展，再到可持续发展，最后落实到以人为本、全面协调的可持续发展观的演进过程。国际环境保护战略和行动也经历了从末端治理、过程控制、产业协调到功能协调的演变过程。而循环经济正是这种历史性演变过程的产物。

循环经济作为一种新型经济概念被提出，其早期思想萌芽可以追溯到环境保护开始受到人们重视的20世纪60年代。当时美国经济学家鲍尔丁提出"宇宙飞船理论"，认为地球如同太空中飞行的一艘宇宙飞船，需要不断消耗资源而生存，若无节制地开发资源以及破坏自身环境，地球就会走向毁灭。在20世纪70年代，循环经济的思想更多还是先行者的一种超前理念，人们并没有积极地沿着这条线索发展下去，人们所关心的问题依然是污染物产生后如何处理以及减少其危害，即用环境保护的末端治理方式。进入20世纪80年代后，采用资源化方式处理废弃物逐渐得到人们的关注，但对于污染物的产生是否合理这个根本性问题，是否应该从生产和消费源头上防止污染产生，大多数国家仍然缺少思想上的认识和政策上的举措。所以，20世纪七八十年代环境保护运动主要关注的是经济活动造成的生态后果，而经济运行机制本身始终落在人们的研究视野之外。1992年，联合国可持续发展世界首脑环发大会发表了《里约宣言》和《21世纪议程》，可持续发展观深入人心。2002 年，联合国世界环境与发展委员会决定在世界范围内推行清洁生产，并制订行动计划。在这种背景下，循环经济走入人们的视野，人们不但加大对其理论研究，也逐渐将之付诸实践。

## （二）循环经济的内涵

目前，学界对循环经济的内涵界定不尽相同，但普遍认可的定义是，循环经济是指以降低经济活动对环境的不利影响为基本目标，以"减量化（Reduce）、再利用（Reuse）、再循环（Recycle）"为内容的运行原则（称为 3R 原则），以"资源—产品—再生资源"反馈式流程为基本模式，实现"低开采、低利用、低排放"，最大限度地利用进入系统的物质和能量，提高资源利用率，最大限度地减少污染物排放，提升经济运行质量和效益，促进人与自然协调与和谐的经济发展模式。循环经济是把清洁生产和废物利用融为一体的经济，其本质上是一种生态经济，能以最少的资源环境成本，取得最大的经济效益和社会效益，也是把经济、社会和环境整合起来的一种体现统筹发展思想的新经济。

## （三）循环经济的 3R 原则

循环经济是系统性的产业变革，是从产品利润最大化的市场需求主宰向遵循生态可持续发展能力永续建设的根本转变。3R 原则是在人类环境污染最严重的历史背景下提出的，因而引起了广泛关注，并被视为循环经济的思想萌芽和早期理论的代表。循环经济原则对于成功实施来说是必不可少的。

第一，减量化原则。减量化原则是输入端控制原则，以资源投入最小化为目标，针对产业链的输入端——资源，通过产品清洁生产而非末端技术治理，最大限度地减少对不可再生资源的耗竭性开采与利用，以替代性的可再生资源作为经济活动的投入主体，以期尽可能地减少进入生产、消费过程的物质流和能源流，对废弃物的产生排放实行总量控制。

第二，再利用原则。再利用原则属于过程性控制原则，是针对产业链的中间环节，对消费群体（消费者）采取过程延续方法，最大可能地增加产品使用方式和次数，有效延长产品和服务的时间强度；对制造商（生产者）采取产业群体间的精密分工和高效协作，使产品废弃物的转化周期加大，以经济系统物质能量流的高效运转，实现资源产品的使用效率最大化。

第三，再循环原则，又称资源化原则。再循环原则是输出端控制原则，针对产业链的输出端——废弃物，通过提升绿色工业技术水平，对废弃物多次回收再造，实现废物多级资源化和资源的闭合式良性循环，达到废弃物最少排放的目的。资源化有原级资源化和次级资源化两种方式。原级资源化指将消费者遗弃的废弃物资源化后形成与原来相同的新产品，比如将废纸生产出再生纸等。次级资源化是指将废弃物作为资源生产出与原产品不同的新产品。

这三个原则在循环经济中的重要性并不是相同的，其优先顺序是：减量化—再利用—再循环（资源化）。其要义是，首先要减少经济源头的污染物的产生量；其次，对于源头不能消减又可利用的废弃物和经过消费者使用的包装废物、旧货等加以回收利用，使它们回到经济循环中去；最后，只有那些不能被利用的废弃物，才允许作最终的无害化处置。综合运用 3R 原则才是资源利用的最优方式。

## 二、循环经济与传统经济的比较

### （一）循环经济与传统经济理论假设比较

随着我国经济体制改革深入，市场经济体制的地位逐步确立。西方经济学理论认为，在市场经济条件下，政府的作用是创造一个稳定的宏观经济环境，没有必要对经济进行干预和控制，通过价格机制和竞争机制，理性的市场主体可以在实现自身效用最大化的同时实现社会经济增长和福利最大化。这也是西方经济学很重要的两个假设，即经济人假设和自由经济假设。但是这两个假设是建立在一切资源产品都可以正确计量和不存在外部条件影响的基础之上的。现实中有市场难以计量的公共物品，就会有市场失灵，经济运行中存在外部性条件，就会导致一系列的社会问题。循环经济作为对传统经济发展模式否定之否定的经济发展模式，是适应社会发展的一种经济模式。但是，它对于传统经济学的经济人假设和自由经济假设有着一定的异议。

首先，经济人假设。传统经济学把个人作为经济生活中的最基本要素，认为人是经济活动的实质性主体，也是经济决策的最佳单元。按照理性的原则，一个追求本位利益的人进行决策的过程就是一个理性选择的过程，他总是力图以最小的经济代价获得最大的经济收益，这样，理性的行为就是产生效用最大化的行为，理性的经济人就是利益最大化者。当然，理性经济人也讲究"利他"，但"利他"不是理性经济人的本性，而只是客观上利他，主观上利己，至于个人利益最大化以后是否会产生社会整体利益最大化，这不是"经济人"关心的问题；循环经济假设的基本单元是整个社会整体，其核心是集体主义或国家主义，强调为了维护整体长远利益，要牺牲个体、局部和眼前的利益，追求的是整体长远利益的最大化而非个人、当期利益的最大化。

其次，自由经济假设。按照亚当·斯密的说法是用不着国家干预，经济越自由，竞争愈普遍，对社会越有利。很显然，传统经济学强调的是让政府维护一个公平的竞争环境，经济主体在这个环境中由市场机制来引导运行。而市场机制发挥作用的前提是商品生产、商品交换，在非商品领域中市场机制是很难发挥作用的，如公共物品和准公共物品。我们今天所倡导的循环经济，它所提供的是如环境保护、生态平衡、代际公平等这些在市场机制下很难发挥作用的公共产品或准公共产品领域，在这些领域政府的干预是必要的，至少在一定的时期内。所以，在理论假设方面，循环经济与传统经济有着本质的不同。

（二）两种经济运行模式比较

由于循环经济与传统经济理论假设的本质不同，导致二者运行模式有差异。传统的粗放型经济是物质单向流动的线性经济，其显著特征是"两高一低"（即资源的高消耗、物质和能量的低利用、污染物的高排放）；循环经济是一种对自然资源实行闭路循环的经济发展模式，它利用生态学规律而不是机械论规律来指导人类社会的经济活动，它要求系统内部要以互联的方式进行物质交换，最大限度地利用进入系统的物质和能量，从而形成一个"资源—产品—再生资源"的物质反复循环流动的反馈式过程。

（三）两种经济思维模式的比较

循环经济和传统经济运行模式的不同导致了循环经济在思维模式上与传统经济的不同，具体来讲有以下几点。

（1）新的系统观：要求人在考虑生产和消费时，不再将自己置身于这一大系统之外，而是将自己作为这个大系统的一部分来研究符合客观规律的经济规则。

（2）新的认识观：在考虑自然时，将其作为人类赖以生存的基础，认为其是需要维持良性循环的生态系统；在考虑科学技术时，要充分考虑它对生态系统的修复能力，使之成为有益于环境的技术；在考虑人自身的发展时，不仅考虑人对自然的改造能力，而且更重视人与自然和谐相处的能力。体现了经济增长、环境保护、社会进步三方共赢的发展格局。

（3）新的生产观：循环经济的生产观念要充分考虑自然生态系统的承载能力，尽可能地节约自然资源，不断提高自然资源的利用率，循环使用资源，创造良性的社会财富。

（4）新的消费观：提倡物质的适度消费，在消费的同时考虑废弃物的资源化，建立循环生产和消费的观念。

（5）新的经济理论观：在传统的经济理论中，"庇古税"和"科斯定理"通过支付足够的"费用"与界定明晰产权，企业就享有了污染、破坏环境的"权利"；作为一种新的经济形态，循环经济理论实际上限制或剥夺了任何企业对环境的这些"污染权"。传统经济理论完全忽视了无论是征税还是界定明晰产权都可能会给社会环境造成污染或损害，这结果与可持续发展与和谐社会建设相悖。

（6）新的资源观：运用生态学规律，经济活动超过资源承载能力的循环是恶性循环，会造成生态系统退化。不可再生物质资源的价格会随着数量的大量减少而迅速升高，传统经济发展只按目前物质资源价格计算净收益，而忽视项目日后可能产生的负收益。循环经济在减少资源利用量的基础上把资源的价格控制在一定的范围，能认识到资源的价值与数量的关系。

## 三、循环经济与金融

### （一）经济与金融的关系

就金融和经济的关系来说，首先就是关注谁推动谁、谁引导谁，即谁先谁后的问题——是金融发展促进经济增长还是经济增长带动了金融发展，国内外的有关文献都有过较为全面的深入的论述。Patrick 提出的金融与经济增长主要有"供给引导"和"需求跟随"两种截然不同的理论框架。

"供给引导"是指，金融发展先于经济对金融服务的需求，因而对经济增长有着自主影响，对动员那些阻滞在传统部门的资源，使之转移到能够促进经济增长的现代部门，并确定投资于最有活力的项目方面起基础性作用。戈德史密斯、麦金农是"供给引导"论的代表，他们均认为金融发展是获得高经济增长率的必要条件。

"需求跟随"是指金融发展是实际经济部门发展的结果，是消极地应对一个发展的经济体对新金融服务的需求，罗宾逊和卢卡斯是"需求跟随"论的代表人物。借鉴国外的研究成果，国内一些学者也对我国金融发展与经济增长关系进行了分析。比较有代表性的是谈儒勇和韩廷春的观点，谈儒勇的研究结论认为，银行发展对经济增长具有促进作用；韩廷春的实证分析结论认为，技术进步与制度创新是经济增长最为关键的因素，而金融发展对经济增长的作用极其有限。

综合上述两种观点，也就是说金融的发展和经济的增长之间有着两种关系。Patrick 认为它们之间的关系取决于经济发展的阶段。在经济发展的早期，金融部门通过建立金融机构，提供金融资产，对经济发展起支配作用。特别是金融部门能更有效地为包含技术创新的投资者提供资金时，更是体现了金融发展对经济的"供给引导"作用。当经济发展到一定阶段、日趋成熟时，金融部门的发展就扮演着"需求跟随"型角色，主要顺应经济的发展为其提供良好的服务。不过，这一观点是不完全的，因为他没有把这两种情况的互补性考虑进去。

在当代，大量的理论与经验证明金融发展与经济增长有着互为因果的影响。正如 Greenwood 和 Jovanovic 以及 Levine 的实证所表明的，经济增长和金融发展之间存在着一个循环的联系——经济增长有助于金融体系的发展，同时，金融体系的建立与发展又有助于加速经济的增长和经济结构的调整。

（二）金融支持经济的渠道

由以上分析可知，金融的支持对经济的增长有很强的促进作用，在经济发展的初级阶段尤为如此。一般看来，金融支持经济的渠道主要有以下三种。

其一，动员居民储蓄、增加资本积累。这是金融体系作用于经济增长的主要渠道，特别是对处于经济发展初期或发展中国家来说更是如此。资本积累源于储蓄，形成于投资，因此，动员足够的储蓄是资本积累的关键。首先，金融体系在交易成本方面的优势，使其能够动员大量的社会闲散资金、提高储蓄倾向；其次，金融体系通过提供流动性强、安全性高、收益稳定的金融工具改善储蓄结构；再次，金融体系的流动性管理能力降低了流动性资产的持有量，增加了生产投资的比例；最后，通过金融体系投资，资本提前出清的可能性大大减少。这些对资本积累都是极为有利的。

其二，改善资金配置、提高资金使用效率。大量研究发现，随着经济金融的发展，金融体系对经济增长的贡献更在于此。首先，金融体系将分散的资金市场融为一体，使资金资源在整个社会实现重新组合和分配；其次，金融体系可以利用自身信息优势、监督优势改善资金配置、提高资金使用效率；最后，金融体系通过合理安排减少信息需求、改善信息状况，这也使资金得到更好的配置和使用。

其三，提供资金支持、促进技术进步。这也是金融体系作用于经济增长的重要渠道。发达国家的发展历程表明，持续稳定的经济增长以及经济增长方式的转变都离不开金融体系的支持。技术进步不仅与科学技术本身的研究状况有关，还与科技成果能否转化为现实生产力有关。科技成果转化需要经济、金融、法律等各种制度作保证，作为现代经济运行核心的金融制度无疑是最重要的。调查研究发现，资金缺乏是科技成果转化的主要障碍。同时，造成资金短缺的根本原因是科技成果转化中的高风险。在利益机制驱使下，资金总是流向高收益领域。虽然先进技术具有高收益特性，但也有很大的风险，高风险的损失和管理风险的高成本将抵消高收益带来的好处，因此阻碍资金向先进技术的流动。所以，一方面金融体系的存在和发展可以为技术进步提供必要的资金支持，促进技术进步；另一方面，金融体系的风险管理能力将影响资金的供给，从而影响技术进步。前者说明金融体系具有为技术进步融资的能力，后者才使金融体系具有为技术进步融资的动力。所以，金融体系及其风险管理能力对技术进步有重要影响。

（三）循环经济与金融的关系

循环经济作为一种经济发展模式，体现着一种科学的发展观。它要求在实际经济运行中要加大对环保产业的投入、支持对循环经济相关的科技创新的投资、优化产业结构，进而促进经济的可持续发展。金融作为现代经济的核心，它对经济发展具有很强的推动作用，当然，循环经济要健康发展，金融的支持是很必要的。由金融对经济支持的渠道可以知道，其对循环经济的影响可以是直接的也可以是间接的；可以是长期的，也可以是短期的。其大致可以归纳为三个方面。

其一，影响行业间资金的流动。金融机构通过其"绿色"投融资行为，使资金向污染小、资源利用率高的行业流动，改变投入产出的组合，从而提高资源利用率，减少经济发展对自然环境的破坏，促进循环经济的发展。

其二，影响企业的决策。金融机构对循环经济的支持行为是建立在对生态环境风险的考虑之上的。这样，企业在进行生产决策时，为了获得金融部门的支持，就不得不考虑其生产过程中潜在的环境风险，因此企业就有动机改善或者消除其生产对资源的耗费、环境的不良影响，间接地促进生态环境的改善和循环经济的发展。

其三，促进环保产业的发展。金融机构为环保产业提供融资服务，可以为提高资源利用率的新技术、新发明的研发提供资金支持，也可以用于被污染企业的治理，改善生态环境，促进循环经济的发展。同时，经济的可持续发展又会反过来为金融业提供一个良好的外部环境，促进金融业的发展，形成一个良性的循环。

## 第二节　我国循环经济与金融支持现状

### 一、我国循环经济发展现状

改革开放以来，我国经济快速增长，国内生产总值由 1978 年的 3600 多亿增长到 2016 年的 20 多万亿，人民生活水平有了显著提高。但是，经济发展过程中也面临着一系列的问题，如资源瓶颈问题越来越突出，生态环境遭到严重的破坏，这些问题威胁着人们的日常生产、生活，影响社会经济发展的可持续性。

要实现经济的可持续发展，提高资源的效率很必要。在现有基础上将资源效率提高到什么程度才能满足可持续发展的要求呢？较为公认的提法是要"在一代人的时间内，把资源、能源和其他物质的效率提高 10 倍"。在控制资源和环境方面有一个总体方程——控制方程。它把环境负荷（含资源和环境两个方面）分解为与人类活动有关的三个因素，即人口、人均 GDP、单位 GDP 的环境负荷：

负荷 = 人口 × 人均 GDP × 单位 GDP 的环境负荷

由此公式可知，随着我国经济社会的发展，要实现环境负荷的不变或者下降，人口和人均 GDP 这两个因素很难起到作用，唯有在第三个因素上做文章。这就需要改变我国现有的经济增长方式，实现向循环经济增长模式的转变，全面提升经济发展质量，破解经济发展与环境保护的难题，从而促进我国经济、社会的可持续发展。

20 世纪 90 年代我国确立了可持续发展战略，至此便开始了对经济发展模式的一个探索过程。虽然当时循环经济没有正式作为一种发展模式被提出，但是，在现实经济发展中，政府和企业已经开始了向循环经济的转变。自 1992 年以来，在环保部门的大力推动下，我国提出要使污染防治由末端治理向生产源头和全过程转变，开始在工业体系中推行循环经济的单个企业的清洁生产。此后，又根据生态良性循环的需要开展生态示范区试点，1996 年，张家港市成为我国第一环境保护模范城市，2000 年开始，我国按照循环经济理念，提升老典型、推广新试点，开始了具有中国特色的循环经济发展模式的探索，并初步形成了企业、区域、社会三个层面整体推进循环经济的发展格局。但就目前来说，我国的循环经济发展主要还是集中在企业层面上，即以示范企业的清洁生产、生态工业园区和再生资源回收利用等三种形式发展循环经济，并已取得显著成效。

第一，清洁生产是循环经济的基本形式之一。当清洁生产的行为方式从单个生产者扩大到广大生产者层面后，在国民经济总体上即表现为一种循环经济形态。1994 年，我国组建了国家清洁生产中心，以后又陆续建立了数十个行业和地方清洁生产中心，对数百家企业开展了清洁生产审计，并于 2002 年通过了《中华人民共和国清洁生产促进法》。根据北京、烟台和绍兴三个清洁生产试点城市的经验表明，大约有 74.7% 的清洁生产是通过加强管理和对工艺设备更新改造的途径实施的，不仅起到了防止污染、保护环境的目的，而且也节约了能源及原材料，从而降低了生产成本。尽管在这几个试点城市清洁生产取得了显著效果，但仅有上述政策法规和试点还远远不够，必须制订相关的配套措施，包括编制清洁生产指南和技术手册、制订相关产品标准和清洁生产审核办法等。

第二，企业间共生形成的生态工业园区是循环经济的实现形式之一。生态工业园区是依据工业生态学原理设计建立的一种新型工业组织形态，它要求把不同的企业连接起来共享资源和互换副产品，通过这种互惠合作，减少了对资源的需求，降低了废物排放。这不仅减少了对环境的污染，而且减轻了对社区环境治理的压力。我国目前最典型的工业示范园区为广西贵港制糖生态工业示范园区，其主要是通过两条主线的工业生态链和一些副线工业生态链相互利用废弃物，把污染物消除在工艺过程之中以使废弃物得到充分利用，不仅有效地治理了工业污染，降低了末端治理费用，而且提高了经济效益。

第三，再生资源回收利用也是实现循环经济的基本形式之一。再生资源回收利用在我国已有一定规模，初步形成了再生资源回收加工体系，并已取得了较好的经济效益和社会效益。2003 年，全国有各类废旧物资回收企业 5 000 多家，回收网点 16 万个，回收加工企业 3 000 多个，从业人员 140 多万人，再生资源回收利用总值约 500 亿元，在发展调整中形成了一个遍布全国的废旧物资社会回收网络。但就目前来说，我国还存在着资源回收率低、废旧物资回收利用企业普遍经营规模小、工艺技术落后、再生资源回收利用技术开发投入严重不足等问题。

此外，我国循环经济在区域层面上也有所进展。辽宁、天津、山东、福建等许多省市都以《清洁生产法》为法律支撑，提出要在结构调整中注入循环经济理念，构建区域新型的经济发展模式。国家环保总局还将辽宁省和贵阳市确定为我国首个发展循环经济的试点省和首座循环经济型生态试点城市。2004 年 11 月 1 日，贵阳市还颁布了我国第一部循环经济法规，为推进循环经济建设提供了法律保证。

## 二、循环经济和金融结合的必要性

循环经济产业一般具有以下几个特点：第一，投资周期长，经济效益低，社会效益高；第二，高新技术企业居多，风险较高；第三，民营中小企业较多，规模小。这就导致我国循环经济发展中存在如下问题。

### （一）资金投入不足

由于循环经济产业的以上特点，造成我国循环经济产业很难得到广泛的资金支持，主要是政府支持资金严重不足。根据国外经验，污染治理的投资占 GDP 的比例达 1% ～ 1.5% 时，环境污染恶化有可能得到基本控制，环境状况大体维持在人们可以接受的水平；污染治理投资占 GDP 的 2% ～ 3% 时，环境质量可以得到改善。目前，世界上一些发达国家污染治理投资占 GDP 的比例已达 2% 以上。从我国的环保投资来看，投资的主体是中央财政，尽管近些年，我国循环经济中环保投资总量不断攀升，但占 GDP 的比重仍然较低，与控制环境污染、改善资源配置状况、提高社会效益的需求还有很大的差距。而且，我国在发展循环经济的过程中，在投融资方面还面临较多的环保投资历史欠账，环保投资的力度还需要进一步加强以促进循环经济的发展。

而作为我国金融业主体的银行业，近些年储蓄额却一直在增加，从 1995 年的 2.9 万亿元，增加到 2016 年年底的 16 万亿元。据央行统计数据显示，截至 2016 年 4 月末，我国银行业机构存差达 10.1 万亿元，初步测算银行业机构流动性约在 2.6 万亿元左右。由此可以看出，循环经济产业急需资金支持，而金融业也有这个条件支持循环经济产业的发展。

### （二）投资效率不高

投资效率不高集中体现在：投资项目设施运转效率低下，没有充分发挥作用。我国提倡发展循环经济的时间不长，循环经济的概念还比较模糊，导致目前我国对循环经济的支持不足，以财政投融资为主。这导致某些投资行为不是建立在市场基础之上，建设滞后，投资效益低下，盲目、重复建设现象仍然普遍，投资面广而规模效益差，贯彻产业政策不力等现象的发生。资金投放前缺乏全面的可行性分析、成本效益分析，工程建设中缺乏有效的监督约束机制，项目结束后不进行评估，使投融资无法维护自身的"融资—投资—还款"的良性循环，造成投资的极大浪费，不能有效地在促进循环经济发展方面发挥应有的作用。

我国银行体系流动性由金融机构在中央银行的超额存款准备金和金融机构持有的库存现金构成，是金融机构创造货币的基础。影响银行体系流动性的因素通常包括法定存款准备金率、中央银行公开市场操作、再贴现、再贷款、外汇占款、财政在中央银行存款以及流通中现金等。

可以利用自身的信息优势，加强对循环经济产业的监督管理，完善治理机制。

（三）循环生产技术开发缺乏良好的激励机制

从技术层面看，循环生产技术是推进循环经济发展的重要条件，没有循环生产技术的支持，就不可能建立起循环经济体系；没有技术成果转化为产业的有效渠道，也很难对循环经济技术形成有效的激励机制。目前我国循环生产关键技术设备达到和接近国际先进水平的仅占15%。一方面，由于我国整体科技水平的落后，2000年我国的科技竞争力仅列世界的第28位，中国科技整体水平落后发达国家15～20年，导致了我国循环生产技术水平也是比较落后的；另一方面，虽然高新技术不断发展，为循环经济的发展创造了重要的技术条件，但我国目前还没有将循环生产技术的研究与开发放到重要地位。虽然循环生产技术的各种要素并不缺乏，但由于没有进行自觉的开发和组合，一定程度上对循环经济的发展形成了技术上的制约，我国循环生产2/3的关键技术、设备属于国内一般和落后水平。进一步讲，我国循环生产缺乏产融结合的激励机制，科技成果向产业转化的有效渠道匮乏，环保产品的总体水平相当于国际20世纪80年代的水平，大多数产品落后发达国家20年左右，循环生产技术向产业转化的支持力度需要进一步加强。随着我国高新技术创业板块的建立和完善，金融业将会通过产融结合在技术创新上形成良好的激励机制，促进我国循环经济生产技术的研究开发。

## 三、我国金融支持循环经济存在的问题

（一）制度方面的障碍

诺思说，制度是一种社会博弈规则，是人们所创造的用以限制人们相互交往的行为框架。他把博弈规则分为两大类：正式规则（宪法、产权制度和合同）和非正式规则（规范和习俗）。传统发展模式是人类进入工业时代以后逐渐形成的，经过200多年，已经形成了相应的制度框架，并对整个社会产生了深刻的影响。

在这种既定的制度框架下，部门、组织之间形成了既定的利益协作关系，相应的法规、政策等正式制度也相应产生，并居于支配地位。这就诱使人们产生适应性预期，预期到他人将会按照这一规则行事时自己就会首先按照这一规则行事，其结果必然强化了制度自身，使得制度变迁中表现出路径依赖的特征。另外，在原来的制度下形成的既得利益集团，通常对地方事务拥有决定权。原有的规则要发生变迁，就会打破垄断，规范经济秩序约束权力，这势必会打破原有的利益格局，也就是说，制度创新会减少原有既得利益集团的利益。为了维持既得利益和已形成的利益分配格局，他们会力求巩固现有制度，阻碍进一步的改革，哪怕新的体制比现存体制更有效率；即使由于某种原因接受了进一步的变革，他们也会努力使变革有利于巩固和扩大他们的既得利益。这种制度阻碍在我国金融系统支持循环经济方面的主要表现有：

1. 政府方面

循环经济标准确立和立法工作滞后，对应的金融资源配置制度设计面临"合轨"问题。制度经济学认为，制度是经济发展的"内生变量"，产权制度是经济运行、资源配置的基础和手段。循环经济 3R 原则目的是实现资源的优化配置，客观上也要求进行制度设计，降低交易费用。目前，我国发展循环经济的制度体系不完善、产权不清、交易费用偏高等问题比较突出，从而导致金融机构介入的基础不足。虽然国务院有明确说明"各类金融机构应对促进循环经济发展的重点项目给予金融支持"，但是我国循环经济尚处于概念化阶段，循环经济的分类标准和运行、管理、考核体系还没有建立。金融机构如果不能回答"符合什么标准才是循环经济"这个根本问题，很难对循环经济项目进行有力的支持。此外，政府传统的政绩思想，对金融经营的干预也会影响金融业投资、信贷资金的流向。不明晰产权，不重构资源的产权制度，仍然把生态环境和自然资源排除在宏观经济要素之外，循环经济发展模式将无法实现，金融支持循环经济将因方向迷失而成为空谈。

2. 中央银行方面

受传统思想影响，中央银行金融政策制定、执行不够细化和协调，货币政策存在"一刀切"行为。制度安排是通过政策的制定和实施来实现的，由于支持循环经济的具体经济政策细化落实等问题还没有得到解决，中央银行在宏观调控中的"一刀切"行为成为循环经济体系中货币循环的梗阻。例如，为了防止经济过热，中国人民银行对金融机构实行窗口指导，限制对钢铁、电解铝、水泥等过热行业的贷款。据对部分地区调查，在对以上行业的限制中，金融机构并没有区分单纯扩张生产规模的项目和循环利用资源的项目，而是一律给予信贷收缩的限制，致使循环经济项目资金不能及时到位，而综合性的产业限制措施致使一定时期内水泥等产品滞销，许多企业出现产品库存超量积压、流动资金紧张现象。宏观调控的粗放式实施，抑制了部分中小循环经济企业的发展，在局部地区和领域产生了与宏观调控初衷背道而驰的结果。

此外，随着我国经济的发展，人民生活水平的提高，消费在拉动经济增长方面的作用越来越大。在买方市场的大环境下，通过消费可以引导生产进而影响经济的增长。消费信贷是在近年来非常流行一种信贷方式，中央银行在通过制定消费信贷政策推动循环经济发展方面应该有所作为。

3. 商业银行方面

其一，金融机构经营理念转变难，循环经济客体与金融投放主体存在方向和时间意识的错位。据有关调查显示，目前我国仅有 33.43% 的人初步了解"循环经济""生态城市"的概念，多数人对此并不了解，即便是了解循环经济的，很多人也仅仅停留在概念上，没有认识到发展循环经济的极端重要性和迫切性。各类市场经济主体缺乏对循环经济的理解和认识，更无从建立与之对应的经营模式。受传统粗放经营思想的影响，金融营销观念虽然完成了由计划体制向市场体制的初步过渡，但是国有银行尤其是基层银行仍未从体制上消除计划性和指令性的约束。迫于盈利和其他经营目标的考核压力，基层银行首要考虑的是利润和风险有关指标，致使经营行为出现"短期逐利化""投向集中化"等不良弊端，营销品种呈现短期化趋向，目标企业仍旧定位于重点企业、大型企业、地方支柱企业中能够快速带来利息收益的行业和项目，正在进行的国有银行的股份制改革则能从某种程度上促进资金向这一方向流动。从循环经济的产业特点来看，部分循环经济项目是需要大量耗时的基础设施工程，短期内不能进入投资回收期。所以，循环经济项目很难得到银行的青睐。

其二，金融行业缺乏环境风险评估制度。传统经济增长方式只关注经济增长数量，忽略经济体制改革的不完善，加之地方政府的政绩心理，使其直接干预银行经营的做法较为普遍，导致一些银行支持的项目能耗大、环境污染严重。随着我国银行改革的商业化推进，以及我国对循环经济立法的完善，这会导致一些银行贷款的环境风险严重，所以，金融行业要尽快完善环境风险评估制度。在国外，金融企业在开展其业务时，已经开始重视环境风险，把环境风险作为投资考察的重要指标之一，并在项目进行时给予环境风险管理。现在，许多家银行在提供贷款之前要求先进行环境评估：在美国，根据银行联合会 1991 年对其 1741 家成员行的调查，62.5% 的银行已经改变了传统的贷款程序以避免潜在的环境债务，45.2% 的银行曾经因为担心将会出现的环境麻烦而终止贷款；美国进出口银行已经制定了环境评估政策，在考虑项目的环境影响以后才做出决策。在英国，伦敦金融创新研究中心制定了一套环境风险评估方案，对企业的环境风险评级。

#### 4.证券市场方面

我国证券市场建立时间不久，但是发展很快，在为企业融资、支持企业发展方面发挥着重要的作用。随着我国经济的发展，制度的完善，证券市场在我国的国民经济建设中的作用将越来越大。但是，证券市场的制度门槛一直是许多符合经济发展趋势的企业难以逾越的障碍。《证券法》对发行股票有着较为苛刻的条件，如"公司股本总额不少于3 000万元"。新《证券法》中规定申请股票上市的企业，应当依法向证券交易所报送"依法经会计师事务所审计的公司最近3年的财务会计报告"。公开发行债券的条件更加苛刻，如"股份有限公司的净资产不低于人民币3 000万元，有限公司的净资产不低于人民币6 000万元，累计债券余额不超过公司净资产的40%"等一些规定。可见，这对于一些新兴的中小高新技术企业来说，申请公开发行、上市证券是一件可望而不可即的事情。而现行能够推动我国经济发展模式向循环经济转变的技术支撑体系主要是由这些中小高新技术企业构建和推动的，证券市场的现行上市门槛是其发展的一大障碍。

此外，证券市场投资主体主要是个体投资者，机构投资者类型较少，比重较低。这一现状造成证券市场上投机气氛过浓。个体投资者的搭便车行为，很难有效地监督企业，提升企业的治理水平，这将影响循环经济产业的健康发展。

### （二）银行和企业的沟通渠道不畅

在信息经济学里，有一个很经典的模型，那就是阿克劳夫的旧车模型，这一模型开创了逆向选择理论的先河。在旧车市场上，逆向选择问题来自买者和卖者有关车的质量信息的不对称。卖者知道车的真实质量，买者不知道，只知道车的平均质量，因而只愿意根据平均质量支付价格，但这样一来，质量高于平均水平的卖者就会退出交易，只是质量低的卖者进入市场。结果是，市场上出售的旧车的质量下降，买者愿意支付的价格进一步下降，更多的较高质量的车退出市场，在均衡的情况下，只有低质量的车成交，在极端情况下，市场可能根本不存在，交易的帕累托改进（Pareto Improvement）不能实现。在我国现行情况下，可能会因为银企之间沟通渠道不畅导致项目资金对接受限而影响循环经济的发展。

在我国银行业为主导的金融体系中，随着银行的商业化运营，银行的"嫌贫爱富"心理越来越严重。一些短期效益好，规模大的企业很受银行的青睐，银行和企业之间能够有效沟通，双方不存在信息不对称，银行对其了解很深，愿意对其发放贷款，这些企业一般是传统工业，其资源消耗量大，污染严重；一些新兴企业由于规模小，风险大，短期效益不明显，银行不愿意投入时间去了解企业，银行和企业之间缺乏沟通，信息不对称，企业一般很难得到银行的贷款，而这些企业中的一部分是循环经济的有力推动者。银行和企业之间沟通渠道不畅，缺少项目和资金对接的平台，这种状况导致我国实现循环经济发展模式困难加大。

（三）适合循环经济特点的金融产品不足

我国发展循环经济尚处于理论和实践的探索起步阶段，整体基本属于概念和思路范畴。从具体的实践看，近年来，我国许多地方运用循环经济理念，在生态工业、生态农业、废弃物再生利用、绿色消费、生态城市建设等领域进行了成功的探索，建立了不少好的实践模式，如广西贵港、宁夏美利、鲁北化工等生态工业园模式。这些循环经济发展模式一般是在企业内部形成一条生态产业链，企业在运营管理方面与传统企业有着较大的差异，各个产业之间是共生关系，产生共生效益。

所以，由于循环经济产业的运营管理与传统产业的不同，金融供给模式需要突破"管理机制梗阻"，根据循环经济的货币循环特点进行金融产品和信贷操作技术创新。循环经济模式企业的资金需求特点与传统经济模式企业的资金需求特点有着很大的不同：循环经济企业对资源及其产品的利用实现了封闭或半封闭的链式管理，因此要求区域或者社会生产循环过程的资金亦应实现封闭运行管理或"链式"管理。然而，目前金融机构信贷资金供应模式中，除了个别对企业的专项政策信贷资金实行类似管理外，银行的产品基本适于传统经济单程式的线性模式，缺乏产品的细分类，缺乏适合循环经济风险特点的产品规划，容易导致各环节挪用和资金动向不明等管理风险。

# 第三节　循环经济与金融支持政策分析

## 一、完善金融制度支持循环经济的发展

（一）制度功能界定

制度是人为制定出来的、构成人与人之间相互作用关系的约束，它们是由正式的约束（如宪法、法律、规则）、非正式约束（如行为方式、习俗、自我施加的行为准则）和它们的实施特征所组成，并决定了社会和经济的激励结构。关于制度功能的种种界定主要来讲包括以下几个方面。

其一，降低交易成本。专业化可以提高劳动生产率、降低生产费用，但随之而来的是交易费用将会上升。在新古典经济学里，有效率的市场只有在交易成本为零（或无交易成本）的情况下才存在。现实中由于市场的不确定和人的机会主义行为倾向，导致在市场交易中成本的大量存在，约翰·J·沃莱斯和诺斯（1986）的实证研究表明，1970 年美国国民生产总值的 45% 被消耗于交易因素。因此，制度被制定出来引导交易人获得使之具有正确模式的信息，降低交易成本。

其二，具有经济价值。著名经济学家 T.W·舒尔茨认为，制度的功能就是为经济提供服务。制度的价值可以用经济学中的供求分析法来探讨决定制度的经济价值。

其三，为实现合作创造条件。现代市场经济不仅强调竞争，也强调合作。通过现代经济学中的博弈论分析可知，要实现个人的长期收益最大化，不仅要重视竞争，更要重视合作。现实中的人是有限理性的，缺乏制度的规范是很难实现合作的。所以，制度可以为实现合作创造条件。

其四，提供激励机制。在历史上，人们常常用"悬赏"等一些物质刺激的方法去激励别人干某一件事，这种方法虽然很有效，但它只是为人们提供一个偶然的、不确定的激励机制，不可以将其归结为制度的效用；在现实中，我们可以发现，在一些国家，人们的积极性很高，而在另外一些国家，人们的积极性不高，原因是制度的不同。两者的不同之处是，后者是通过制度来创造一个持续的、制度化的激励机制，之所以如此是因为现实中个人收益率与社会收益率的不同，如果个人收益率大于社会收益率，人们的动力就会不足，而制度可以使个人收益率接近社会收益率，提高人们的积极性，创造一种持续性的激励。

其五，有利于外部收益内部化。外部性是新制度经济学常常提到的一个概念，主要是从成本—收益的角度来讨论外部性的。诺思关于外部性是这样描述的：当某个人的行动所引起的个人成本不等于社会成本，个人收益不等于社会收益时，就存在外部性。外部性存在的原因主要是对产权界定的不清而导致对资源配置有效性的损害。因此，新制度经济学关于解决外部性的主要办法是完善产权制度。

制度是一个涵盖范围很广的概念，如经济制度、政治制度、文化制度等。金融制度属于经济制度，金融是通过为其他产业提供服务而存在发展的，而就我国目前来说，金融通过对其他产业提供服务不仅使自身得以生存和发展，而且也会影响其他产业的发展，这样来说，金融制度的完善与否直接或间接影响着其他产业的发展。由制度的功能可知，通过健全金融制度：（1）可以增加银行和企业信息透明度，来降低银行和企业的交易成本，实现银企合作；（2）可以对企业的行为进行激励和惩罚，使企业按照国家的产业政策来发展。目前，我国正在推动经济增长模式向循环经济的方向转变，而推动这场变革的主体是企业。随着市场经济体制的完善，整个国家的商业化氛围将越来越浓，现代意义上的企业向循环经济转变需要利益的引导。这方面政府能做的除了用财政进行利益的重新分配，引导企业向循环经济模式转变外，还需要通过其他经济政策来引导。金融在现代信用经济中的作用越来越大，通过金融制度的完善来引导企业向循环经济模式转变无论现在还是将来都将发挥着极其重要的作用。

（二）金融制度完善的领域

1. 政府方面

首先，健全法制，完善执法。针对目前我国循环经济立法不健全的现实所导致的金融机构投资方向不明等问题，政府部门要尽快对循环经济进行立法，完善循环经济的分类标准和运行管理、考核体系，界定资源产权制度，建立发展循环经济的制度体系，降低交易费用，把生态环境和自然资源包含在宏观经济要素之内，从而为金融机构介入循环经济奠定基础。但仅仅建立完善的法律法规体系还远远不够，为了使这些法律法规在维护金融生态平衡中真正发挥作用，必须严格执法，加大对传统高污染、高能耗产业的惩罚力度，如近几年政府对这些企业强制实行或关闭或整改。这样，有利于整个社会看到政府发展循环经济模式的决心，从而改变人们的发展观念。这对于社会的诚信体系建设也是很有帮助的。

此外，在完善金融制度方面，政府应通过开发性金融来弥补商业性金融支持循环经济的不足。开发性金融是一种制度创新，具有商业性金融无可比拟的优越性。首先，开发性金融是国家宏观调控的重要工具，可以更有效地体现政府的经济政策导向，较为合理地配置投资。在贷款投向上，能够实现结构调整、区别对待、有保有压，避免经济发展的大起大落，确保国家和地区的重点项目、关键项目和关系全局项目的资金链不断，有利于建设健康的财政和健全的金融，对全面发展循环经济具有直接的促进作用。其次，能够坚持经济效益优先、兼顾社会效益的原则。对一些地区的特色产业、有比较优势的项目，以及对地区经济影响较大的项目，开发性金融会根据项目的经营期，结合借款者的现金流状况，政府的财政预算安排情况，在未来 10 ～ 20 年或更长的期间内设定还款周期，使年度放款和还款额度都在开发性金融机构和借款人可承受的范围之内，以确保资金有序流转。

2. 中央银行

中央银行主要是制定和执行国家的货币政策，其政策工具包括：（1）一般性的信用控制工具，即法定存款准备金率、贴现率和公开市场业务三大政策；（2）选择性信用控制工具，如优惠利率、消费者信用控制等；（3）直接信用管制，如对利率上限、贷款数量等的管制；（4）间接信用管制，如窗口指导和金融宣传。中央银行通过这些政策工具来稳定货币，引导货币流向，从而推动我国经济快速健康发展。而从近些年我国货币政策的执行情况来看，受传统经济体制的影响，我国货币政策执行存在"一刀切"现象，并且在协同银保监会处理银行和企业之间的关系方面做得并不够。为加强对循环经济的支持力度，中央银行需要在以下几个方面完善一下。

首先，对于一般信用控制工具来说，为了避免政策调整的"一刀切"现象，要细化中央银行的货币政策。为体现中央银行对循环经济的支持，可以实行差别准备金政策，即对于循环经济行业的贷款可以实行较其他行业较低的准备金政策，增强商业银行的贷款能力，从而加强商业银行对循环经济的支持力度。当然，这个工作很细，需要对循环经济行业和传统经济行业进行较为明确的分类。

其次，在选择性政策工具方面，可以通过优惠利率或消费者信用对企业加以引导。随着我国经济社会的发展，人们的消费观念发生了很大的变化，"中国将在经济政策上坚持立足国内需求推动经济发展，加快发展服务业，注重扩大消费需求"。消费在未来的一些年里对经济的拉动作用将会越来越大，同时，它对生产领域的发展方向起到引导作用。所以，消费信贷这个政策工具对于引导消费方向、间接影响生产领域将会起着巨大作用，从而为金融业支持经济发展模式向循环经济的转变找到了一个切入点。截至 2014 年 6 月末，金融机构全部消费贷款余额为 17952 亿元，占金融机构各项贷款余额的 10.6%。而在西方经济发达国家，消费贷款在全部贷款中的比例平均为 30% ~ 50%，其中，美国高达 70%，德国为 60%。可见，我国消费信贷业务发展潜力巨大。中央银行可以调整消费信贷政策从而影响消费、引导生产，如汽车信贷，可以对不同车型实行不同的首付比例、不同的贷款期限、贷款最高限额来影响人们对不同车型的选择，淘汰不符合节能环保标准的汽车，促进循环经济的发展。

再次，进行窗口指导，加强金融政策宣传。为了加强对于循环经济行业的贷款支持，中央银行可以对商业银行发放贷款进行窗口指导。一般情况下，这种窗口指导是有效的，因为中央银行的特殊地位，商业银行不能不听，也不得不听。同时，中央银行也要向金融界及全国各界说明实行支持循环经济金融政策的内容和意义。

最后，加强银行和企业的沟通协调。造成循环经济得不到金融支持的原因之一是循环经济项目和银行之间的信息不透明，缺乏项目和资金的衔接点。所以，中央银行、银保监会等机构可以会同政府有关部门为银企牵线搭桥，通过银企座谈会等形式，加强与地方政府及企业的联系，精心打造政府、银行、企业对接的"金融平台"，实现经济金融共同发展。

3.商业银行方面

银行业应建立完善的环境风险评估制度，将客户的环境风险和企业环保守法情况作为审办信贷投资业务的重要依据。随着国家在支持循环经济的力度的增强，为避免环境风险，商业银行应建立完善环境风险评估制度。在信贷审核和决策过程中，应该将发展循环经济、保护自然环境和维护生态平衡作为发放贷款的重要参考指标之一。对有利于发展循环经济、保护自然环境和维护生态平衡的客户给予降低利息率、延长信贷年限等优惠政策，并严格监督客户信贷资金使用过程；对于客户无视保护自然环境和维护生态平衡的随意投资行为，应该通过提高利息率、要求提前还款等较严厉的措施要求客户加以改进。同时，要加强对商业银行循环经济观念的引导，使商业银行不仅在进行贷款、投资时要考虑到对循环经济的支持，而且，在日常经营管理中树立循环经济观念，达到经济、社会、环境的三赢。

此外，实现向循环经济模式的转变，产业结构更加合理是一个很重要的方面。目前，我国第三产业比重偏低，占 GDP 的比重不但大大落后于发达国家，也明显落后于同等发达程度的发展中国家。按照世界银行的划分，我国还继续待在中等偏高收入国家行列内，这一组别国家的服务业比重平均值为 55%。2006年我国服务业占国内生产总值的比重为 39.5%，比人均收入水平与我国基本相当的国家低 15 个百分点左右。据测算，如果我国第三产业增加值的比重提高 1 个百分点，第二产业中工业增加值比重相应降低 1 个百分点，那么万元 GDP 能耗就可降低约 1 个百分点；按照目前的工业结构，如果高技术产业增加值比重提高1 个百分点，而冶金、建材、化工等高耗能行业比重相应下降 1 个百分点，那么万元 GDP 能耗也可降低 1.3 个百分点。所以，调整产业结构能够最有效地降低能耗，而强力地推进节能降耗政策又能够最有效地推进产业结构调整，两者实际上是相互促进的关系。这方面金融业也要从中发挥作用，加大对第三产业和第二产业中高新技术产业的扶持，它们中的许多是中小规模企业，而融资难一直困扰着现阶段的中小企业，商业银行应该调整对中小企业的贷款审批制度，推动这些产业发展，提高第三产业和高新技术产业在 GDP 中的比重，从而加速我国循环经济模式的实现。

4.证券市场方面

经过几十年的发展，我国证券市场已初具规模并以较快的速度发展。据统计，截至 2016 年 12 月 31 日，中国证券市场共有上市公司 1434 家，总市值8.94 万亿元人民币。2017 年 1 月 26 日，这个数字又被刷新，沪深股市总市值达10.942 5 万亿元。国债、企业债等各类债券市场规模也已相当巨大，截至 2015年 11 月末，债券存量达 7.07 万亿元，债券在我国金融体系中占有越来越重要的地位，对经济发展和人民生活发挥的作用和影响越来越重要，因此在支持和促进循环经济发展方面也能够发挥重要作用。

证券市场的最基本功能是以市场化手段配置资源。充分利用证券市场这一功能，将会对发展循环经济提供有力支持。而现行的证券市场对申请上市的公司在企业经营年度和资本额等方面有限制，导致目前运用循环经济模式的中小高新技术企业无法满足上市要求，所以要尽快建立和完善环境板块市场，支持循环经济企业的发展。主板市场上制度也应进行相应的变革，其具体做法如下。

其一，对现行的整个证券市场实行统一的上市门槛进行改革。优先支持符合发展循环经济要求的企业上市融资。股票融资是企业筹集长期资金的主要方式之一。我国目前对企业股票公开发行和上市实行核准制，符合股票发行和上市条件的企业经保荐会保荐，由中国证监会核准，方具有公开发行股票并上市的资格。为鼓励和支持符合发展循环经济要求的企业公开发行股票融资，中国证监会可以制定相应政策措施，在同等条件下优先核准与发展循环经济相关的企业公开发行股票和上市，甚至适当降低这类企业公开发行股票和上市的标准，以利于社会资源优先向符合发展循环经济要求的企业配置，促进循环经济发展。

其二，优先对符合发展循环经济要求的上市公司增发新股和配股。目前，1 400多家上市公司在我国国民经济中发挥着举足轻重的作用，因此也是发展循环经济的重要力量。增发和配股是上市公司再融资的重要方式。为了鼓励上市公司发展循环经济，监管部门应对在节约降耗、清洁生产、资源综合利用以及开发减量化、再利用和资源化技术设备方面有优势或有切实可行措施的上市公司优先增发新股或配股；对募集资金投向符合发展循环经济要求的建设项目的上市公司的增发和配股申请优先予以准许。而对于高消耗、高污染、低效率的上市公司的增发和配股则予以限制，以促进上市公司采取措施转换发展模式，大力发展循环经济。

其三，优先核准符合发展循环经济要求的企业和建设项目发行债券。债券融资是企业融资的重要方式之一，在发达国家，企业债券融资的规模远远大于股票融资规模。目前在我国，企业债券类证券主要有以下三种。一是，一般意义的企业债券，即1993年国务院颁布的《企业债券条例》所指的企业债券。此类债券由国家发改委监管。二是，期限在1年以内的短期融资券，由中国人民银行监管。三是，上市公司发行的可转换公司债券，由中国证监会监管。上述三类企业债券，在我国都具有巨大的发展空间，在不远的将来将在我国企业融资中扮演更加重要的角色。因此，为促进我国循环经济的发展，国家有关企业债券监管部门在核准企业发债申请工作中，应制定相应政策措施，优先核准那些与发展循环经济相关的企业和建设项目发行债券融资，或适当放宽这类企业和建设项目发行债券的条件，以鼓励和引导发债企业降低资源消耗，综合利用资源，发展循环经济。

其四，制定政策措施，优先鼓励和支持与发展循环经济相关产业的企业发行资产支持证券筹集资金，做大做强。自2005年以来，我国证券监管部门大力推进企业资产证券化试点工作，中国联通和深高速资产证券化项目取得很大成功，为企业盘活资产，筹集资金加快发展发挥了很大的作用，可见，资产证券化不久将成为我国企业乃至各级地方政府盘活资产、筹集资金的又一重要方式，也可以成为支持和促进循环经济发展的重要工具。证券监管部门应充分利用这一工具，在企业资产证券化的有关政策法规和业务规则中，充分体现鼓励和支持大力发展循环经济的精神，优先鼓励符合发展循环经济要求的企业和项目通过资产证券化筹集资金，鼓励证券机构开发和培育有利于发展循环经济的资产证券化项目，鼓励各级地方政府通过资产证券化筹集资金用于支持和促进本地循环经济的发展。

其五，制定相应政策措施，鼓励在发展循环经济方面有优势的企业通过收购兼并快速做大做强。收购兼并是企业做大做强的捷径之一，证券市场为企业间的收购兼并提供了便利条件。尤其是我国证券市场股权分置问题彻底解决以后，上市公司之间以及上市与非上市公司之间的收购兼并将更加便利，因此并购活动也趋于活跃。监管部门应制定相应政策措施，积极鼓励和支持有利于发展循环经济的并购活动。比如，对于发展循环经济方面有优势和贡献的上市公司并购其他上市公司或非上市公司给予再融资、审批等方面的支持，对于在发展循环经济方面有优势和贡献的非上市公司并购上市公司给予审批方面的支持，帮助这些企业通过收购上市公司实现自身上市的目的，扶持这类企业快速做大做强。

此外，在加强监管的前提下，允许证券公司从事循环经济企业的投融资服务，大力培育保险公司、养老保险基金和投资银行等机构投资者，并适当放宽社会保险基金及保险业的投资领域，允许其进入风险资本市场，扩大循环经济的投资主体范围，从而利用这些机构投资者加强对公司的监管，优化公司治理，提高投资效率。

## 二、创新金融产品支持循环经济

循环经济的发展需要金融的支持，金融支持循环经济的方式是通过资金的流向来引导资源的流向。引导资金流向的方法较多，银行信贷是一条间接渠道。随着我国经济的发展，证券市场的完善，人们投资意识的增强，通过直接的渠道引导资金流向来配置资源这种方式将会起到越来越大的作用，而这种募集资金的方式需要金融产品来作为载体。据统计，我国居民储蓄额连年递增，截至2016年年末，我国国民储蓄高达161 587亿元。储蓄额高并不是一件坏事，但也不是一件好事，货币缺乏经济学意义上的流动，不利于消费和投资，更不利于社会财富的再创造，而这其中的原因是金融产品匮乏，人们缺乏投资渠道来释放储蓄资金。循环经济是一种新的经济发展模式，代表着我国经济发展的趋势，但是人们对这种新模式还不够熟悉，导致现存的为数不多的金融产品更多的是面向传统经济发展模式的，适合循环经济模式的金融产品匮乏，所以需要开发适合循环经济运行模式的金融产品。

（一）国外经验

循环经济产生的时间较短，但是作为一种新事物，循环经济的发展给金融企业带来金融创新的绝好机遇。所谓金融创新，其核心是开发出各种有新意的金融产品。例如，20世纪70年代的石油危机，造就了石油金融以及一系列与石油相关的金融衍生品，构成当时金融创新工程中的重要的组成部分。同样，在环境的恶化给经济带来了极大的不确定性和风险的条件下，把循环经济、金融创新放在一个有机的系统里，探讨能够提高环境质量、转移环境风险、促进循环经济发展的以市场为基础的金融创新在国外也相应出现。

一是，绿色抵押等银行类环境金融产品。银行历来都是金融创新业务的主要提供者，在环境金融广泛兴起并得到广泛应用的这几年，美国等各主要国家的许多银行已经把环境因素、可持续发展因素纳入他们的贷款、投资和风险评价程序，环境报告已经从会计报表的边缘内容变成主流内容，绿色会计报表得到大量应用。一般情况下，环保企业凭借其"绿色"即可获得"绿色"抵押贷款，一些银行还会给有很好环境记录的客户以更多的优惠。例如美国银行贷款评级分为5级，第四级、五级需要抵押，而环保产业一般不需要财产抵押。2003年6月4日，7个国家的10个主要银行宣布实行"赤道原则"，并使其成为项目融资新标准。根据这些原则，金融机构只有在项目发起人能够证明项目在执行中会对社会和环境负责并会遵守"赤道原则"的情况下，才能对项目提供资助。

二是，生态基金等基金类环境金融产品。在狭义上，可持续基金、生态基金等基金是指由基金管理公司管理的专门投资于能够促进环境保护、生态环境和人与自然的可持续发展的共同基金。1988年，英国就率先推出了第一只生态基金——Merlin生态基金。这类基金产品将投资者对社会以及环境的关注和他们的金融投资目标结合在一起，这一点看似束缚了基金的投资空间，影响了基金的运行效率，但是国外的许多研究表明，这类基金的投资效率并不一定比一般投资基金的运行效率低。随着循环经济的发展，这类基金投资目标的选择将更加合理，总体的投资收益从长期来看反而可能高于一般的投资基金。

美国已推行了巨灾债券（巨灾风险证券化），巨灾风险会给保险公司带来灾难性的损失，因此保险公司不愿承担此类风险。巨灾风险证券化成为将巨灾保险风险向资本市场转移的一条有效途径，消除了政府直接承受环境污染等巨灾赔偿资金的负担；天气衍生品，天气的不确定性给天气敏感行业，如石油和能源业构成越来越大的威胁，利用天气衍生品对天气风险进行控制；排放减少信用，排污单位通过治理污染，其实际排污量低于允许排污量，该排污单位可以向主管机构申请排放减少信用（等于实际排污量与允许排污量之间的差额）。美国法已赋予排污权（排放减少信用）以金融衍生工具的地位，并允许其以有价证券的方式在银行存储，并且存储的信用可以用于出售转移到其他工厂。

（二）我国的借鉴

我国金融市场的情况与发达国家不同，在国外得到蓬勃发展的巨灾债券、天气衍生品等环境金融产品并不适合我国。但在转型国家得到普遍应用的环境基金对我国具有很好的借鉴意义。基金来源主要来自污染费和罚款，也可以试着发行循环经济彩票来为环保基金融资。国家级环境基金在全国性的循环经济发展、环境保护建设中发挥主导作用，主要支持国家发展循环经济项目、环境保护项目的发展和执行、国家监管和信息系统建设等。在一些经济较发达的地区成立地方环保基金，重点支持地方循环经济发展、生态环境建设等。在合理划分事权和财权的基础上，国家级环境基金和地方性环境基金之间还应建立纵向转移支付制度以更有效地促进循环经济的发展。

首先，发展循环经济离不开循环经济技术的发展，循环经济技术的载体有很大一部分是中小企业，所以，要想循环经济取得较大的发展，对这些企业进行资金支持是必要的。产业投资基金是一项重要的金融创新，可以运用风险投资机制有效地支持高新技术产业的发展。当然，产业投资基金绝大多数是以利润最大化为经营目标的市场主体，国家有关部门应当制定相应政策措施，对其支持和促进循环经济发展的投资行为进行鼓励，如对有利于发展循环经济、达到一定要求的投资项目优先予以奖励或补贴；在退出机制上允许有利于发展循环经济的投资项目优先获得退出机会等。通过这些措施可以调动产业投资基金支持循环经济发展的积极性，从而在促进循环经济发展方面发挥更大的作用。

其次，我国还应尝试发行"绿色"金融债券和企业债券。金融债券流动性强，筹资量大，效率较高。发行"绿色"金融债券可以吸收相对稳定的中长期资金，再以贷款方式投入需要动用大量资金，但社会效益较好的环保项目和生态工程项目中。对于经济效益比较好的环保企业，也可以允许他们发行企业债券，以满足这些企业对资金的需要。此外，对于一些投资数额大、周期长、短期效益不明显、风险大的基础性环保产业要积极探讨使用银团贷款的形式来对其进行融资。

最后，积极开展金融租赁业务，提升产业技术水平，促进循环经济的发展。金融租赁在成熟资本市场国家是与银行和上市融资并重的一种非常通用的融资工具，成为大量企业实现融资的一个很重要和有效的手段，在一定程度上降低了中小企业融资的难度。目前全球近 1/3 的投资是通过金融租赁的方式完成，在美国，固定资产投资额度的 31.1% 由租赁的方式实现，加拿大的比例是 20.2%，英国为 15.3%，而我国金融租赁业的发展却相对滞后，规模小，法制有待健全。

金融租赁具备这样几个特征：第一，可以获得全额融资；第二，可以节省资本性投入；第三，无须额外的抵押或担保品；第四，可以降低企业的现金流量的压力；第五，可以起到一定的避税作用；第六，某种意义上来说，可以用作长期的贷款的一个替代品。所以，金融租赁对解决中小企业融资难问题也不失为是一条捷径，同时，通过这一有效途径对产业进行优化升级，推动我国循环经济的快速发展。

### 三、积极利用外资推动我国循环经济基础产业的发展

改革开放以来，我国引进外资的规模逐年递增，截至 2006 年年底，全国累计设立外商投资企业 59 万多家，实际使用外资金额超过 7000 亿美元。但是，外国直接投资一般是利用我国低廉的劳动力、丰富的自然资源和巨大的城乡市场空间而流向制造行业。据统计，1998 年以来，各年份流入我国第二产业的 FDI 均占全部 FDI 的 70% 左右，流入制造业的 FDI 均占流入第二产业 FDI 的 90% 左右。所以，要对外资流向进行规范：首先，在制造业中要引导外资向高科技新型制造业流入，加速外资对传统制造业的改造；其次，鼓励外商投资高新技术产业；再者，对于目前跨国公司向我国转移的重化工业则应以注重产品的资源节约和环保为原则，使其按照循环经济发展模式的要求进行产业转移。除了政策引导外，我们还要积极开拓利用外资的模式，并积极利用国际间接融资推动我国循环经济的发展。

（一）项目融资——BOT 和 TOT

项目融资是指为一个特定经济实体所安排的融资，其贷款人在最初考虑安排贷款时，满足于使用该经济实体的现金流量和收益作为偿还贷款的资金来源，并且满足于使用该经济实体的资产作为贷款的安全保障。BOT 和 TOT 是项目融资的两种模式，主要适用于私营部门（多为国际私人财团）对能源、交通、通信、环保等基础设施项目进行投资。项目融资不仅可以利用外资，还可以引进国外先进的技术、管理经验推动我国循环经济的发展。

BOT 是英文 Build-Operate-Transfer 的缩写，其含义是项目所在地政府将通常由国家公营机构承担的大型基础设施或工业项目的设计、建设、融资和维护的权利特许给国内外私营机构的合同商或主办人，允许该私营机构在一个固定的期限内运营该设施，并且在该期限内收回对该项目的投资、运营与维修费用以及一些合理的服务费、租金等其他费用，以使该私营机构有能力偿还该工程所有的债务并取得预定的资金回报收益。在特许期满后，将该设施转让给项目方的政府。

BOT 方式在中国出现已有 20 年有余，1984 年香港台和实业公司和中国发展投资公司等作为承包商与广东省政府合作在深圳投资建设了沙角 B 电厂项目，是我国首家 BOT 基础项目。但在具体做法上并不规范。1995 年广西来宾电厂二

期工程是我国利用 BOT 方式的一个里程碑，为我国利用 BOT 方式提供了宝贵的经验。所以，利用 BOT 对循环经济进行融资是我国利用外资支持循环经济的一条有效途径，特别适用于对我国城市基础环保设施进行融资。

TOT 是英文 Transfer-Operate-Transfer 的缩写，可以说是 BOT 的变形，就是指通过出售现有投产项目在一定期限内的现金流量从而获得资金来建设新项目的一种融资方式。具体说来，就是指东道国把已经投产运行的项目在一定期限内移交给外资经营，以项目在该期限内的现金流量为标的，一次性地从外商那里融得一笔资金，用于建设新的项目，外资经营期满后，再把原来项目移交回东道国。TOT 融资方式在我国处于刚刚起步的阶段，它与 BOT 的不同之处在于，BOT 是由投资者新建的循环经济项目，而 TOT 是政府将过去已经建成的循环经济项目出售给投资商经营，政府可将收回的投资用于城市其他循环经济设施的建设。所以，和 BOT 相比，这一方式可以盘活城市已有的基础设施，有效利用资金扩大循环经济投资规模。

（二）利用国际间接融资支持循环经济项目

国际间接融资方式指需要借助于金融机构（财政部门）进行的国际融资方式，包括国际商业银行贷款融资、国际金融机构贷款融资和外国政府贷款融资等。一般来讲，间接融资具有的特点是：（1）复杂性，即国际间接融资方式的手续较为复杂；（2）长期大额性，即国际间接融资具有长期性、大额性的特点；（3）高风险性，即和国内融资方式相比存在高风险的特点。这些风险主要来自主权国家的管制行为和货币币种的选择。这些特点对我国发展循环经济项目来说既有机遇也有挑战，即长期大额性很适合循环经济项目基础项目；复杂性和高风险性则为循环经济项目的融资带来不便。尽管如此，随着国际经济交往的日益密切和国际贸易的发展，国际间接融资得到长足发展。据统计，从 1987 年至 2001 年，中国环境保护项目利用世界银行贷款、亚洲开发银行贷款和日本政府贷款达 55.5 亿美元。其中，世界银行贷款占 49.7%，亚洲开发银行贷款占 23.9%，日本政府贷款占 26.4%。近年来，中国循环经济项目利用国际间接融资的数量日趋增多，仅在 2001 年至 2005 年期间，我国利用外资用于环境保护项目的资金总额就达 60 多亿美元。这些资金主要投入到水污染防治、废弃物处理、资源的综合利用及大气污染等项目。

所以，从近些年中国环境保护融资情况来看，国际间接融资仍是一种非常重要的融资方式。目前，我国环境保护项目采用国际间接融资方式存在着一系列的问题，如项目前期工作不充分，项目法定代表人缺乏自我约束，现行管理体制混乱等情况。政府应该采取措施，清除融资障碍来支持我国循环经济基础项目。

（1）加强项目的前期工作，提高项目的成熟度。有关部门应该开展对项目法定代表人及有关人员的培训，使其熟悉国际贷款的运作程序、方法和规则。同时，制订奖惩制度，对规定前期申请材料编制充分者，优先考虑后续贷款的申请。对前期申请材料编制不充分者，不再受理其后续贷款的申请。另外，还要加强对可行性研究报告和初步设计的审查监督，避免后续损失。

（2）加强对项目法定代表人的监督，做到控制成本和提高质量的统一。加强审计监督的途径，一方面是将账目审计与关键环节的重点审计结合起来。比如：通过对有关文件资料的审核，审查行为是否符合程序，是否存在违法问题；通过对工程造价、工程质量的审核，审查工程造价是否合理，工程质量是否达到要求。另一方面是进行审计延伸和后续审计。从资金的源头到工程竣工结算都要加强审计，消除项目资金流失的隐患。

（3）加强部门之间的协调，形成高效的管理体制。明确主管机构，由主管机构负责贷款审核、办理、监督、回收等一系列事务。这样，便于明晰利用国际贷款方面的权利和责任，排除来自多方面的行政干预与利益诉求，也有利于加快利用国际贷款工作的步伐。

（4）深化改革，提高工作效率。在利用国际金融机构贷款方面，目前，国内批复项目建议书和可行性研究报告的时间过长，容易错过最佳建设时机。为此，要深化改革，在利用国际金融机构贷款方面做到"早规划、早行动、早安排"，力求将一些比较成熟的项目超前规划、超前申报，节省时间、抓住有利时机。同时，在确保安全性的前提下尽可能减少审批程序和手续，提高工作效率。通过这一系列的措施为我国环境保护项目在国际间接融资方面的顺利开展清除障碍，促进循环经济的发展。

循环经济是现代经济发展的潮流，发达国家的实践和世界各国经济发展现状的要求使这一经济发展模式在全国形成了广泛的共识，但是，要实现向这一经济发展模式的转变，还需要经济政策的引导。经济和金融的关系已经有许多经济学者探讨过，金融在为经济发展服务、实现产业升级和结构调整、促进经济发展等方面都有着极其强大的作用，要实现向循环经济发展模式的转变，金融的支持自然也是十分必要的。

然而，现实中存在的一系列因素成为金融支持循环经济的障碍。首先，政府部门关于循环经济的立法滞后，金融机构介入的基础不足。其次，现行的金融制度不合理，限制了金融对循环经济的支持。在这方面主要表现为：中央银行政策的"一刀切"现象；商业银行缺乏环境风险评估制度；证券市场上证券发行、上市制度门槛阻碍了循环经济的快速发展。再次，适合循环经济的金融产品不足。现存的金融产品主要是为传统经济量身定做的，不能满足循环经济的需要，从而限制了循环经济的融资。最后，金融机构和循环经济产业信息沟通渠道不畅，导致缺乏资金和项目的衔接点。

针对金融支持循环经济的障碍，必须采取相应的措施来解决。首先，政府部门要完善企业产权制度，健全有关循环经济方面的法律、法规，建设一个良好的社会诚信体系，为金融介入循环经济创造一个良好的基础，并通过开发性金融来弥补商业性金融的不足。其次，完善金融制度。中央银行在制定和执行金融政策时要更加细化，加大对循环经济的支持力度；商业银行应逐步开始执行环境信用风险评估制度，将客户的环境风险和企业环保守法情况作为审办信贷投资业务的重要依据；证券市场对循环经济产业的证券发行、上市门槛要降低，增强对循环经济的融资、并购支持。再次，借鉴国外对循环经济金融产品的创新，创造适合我国循环经济的金融产品。最后，充分利用国外金融资源，创新引进外资模式，直接和间接引用外资，促进循环经济的发展。

总之，发展循环经济的金融支持，其根本宗旨是对有利于循环经济发展的一切经济主体的各种金融需求优先予以满足，并利用金融调节机制引导和鼓励各类经济主体的行为，使其符合发展循环经济的要求。因此，各类金融机构可以根据自身业务特点，选择对发展循环经济进行金融支持的具体方式和途径。国家有关部门也应根据各类金融机构的特点，研究制定相应政策措施，对金融机构支持循环经济发展的行为予以补偿、奖励和引导，以充分调动各类金融机构支持循环经济发展的积极性和创造性，实现我国经济增长向循环经济模式的转变，实现我国经济的可持续发展。

# 第六章 循环经济指标体系构建

区域循环经济将循环经济理念引入区域运行机制，构建"资源能源消耗低、经济效益高、环境负荷小"的区域发展系统。对于区域循环经济的构建，产业结构的调整是关键，基础设施建设是基础，环境保护和生态建设是根本，法律政策是保障。

## 第一节 区域循环经济理论与体系概述

### 一、区域循环经济的内涵、原则及意义

根据循环经济的基本原理，在区域层面上发展循环经济是实现区域可持续发展和区域协调发展的必然选择。区域循环经济的发展一方面遵循区域经济发展的一般规律，同时要遵循循环经济的基本原则。

（一）区域循环经济的内涵

区域循环经济是区域经济发展的一种崭新模式，它以一定范围的区域为对象，以区域内资源环境条件和社会经济发展特点为基础，以实现区域内社会、经济、生态协调和可持续发展为目标，以协调区域内部各项功能为重点，统筹规划区域的总体发展和资源循环利用。

区域循环经济的发展必须与区域经济规律相一致，同时又必须按照自然界的生态循环原则，以生态系统的生态链为模仿的模式来构筑生产、消费、分解体系，以物流、能流、信息流的畅通为主线优化物质代谢途径，形成以可循环再利用的资源和环境为物质基础的社会—经济—自然复合生态系统。

（二）区域循环经济的原则

区域循环经济是在区域层面开展的循环经济，如何确定实施区域循环经济原则，超越企业、园区、城市层面开展大范围循环经济是十分重要的。区域循环经济的规划设计必须遵循以下基本原则。

1. 系统性原则

区域循环经济是在城市、园区和企业循环经济的基础上实现，因此必须充分考虑到一般循环经济所包含的主要内容，同时也必须考虑到城市、园区、企业以及相互之间系统结构合理化和系统整体效能最大化。在规划和设计循环区域时一定要特别关注单个城市、小区及相互之间的整合效应，防止空间、资源的浪费和区域的不平衡发展，实现区域内资源的优化配置、合理布局。

2. 功能互补原则

区域循环经济要根据区内不同城市的区位、资源、功能等特点（城市的生态位），实现合理的功能配套。要根据区域的自身特点和各个城市的自身优势，有机结合经济、社会、生态、环境等诸因素，分工协作，在区域内实现低成本、低消耗和相互促进的循环经济。

3. 资源约束原则

区域发展受本地区资源包括人力资源的约束。按照都市圈发展理论，区域之间的交通运输应尽可能减少。本区域内的产业发展尽可能依托本区域的特有资源包括人力资源，以发展适合本地区的特色产业。那些必不可少而本区域不具备的资源才应通过运输去获得。发展区域循环经济也要遵循不加大区际和区内运输量为原则，除非迫不得已或区域内、区际循环效益更高。能在企业内、园区内、城市内循环的资源或废弃物，尽量不要在区域内循环，能在区域内循环的，不要在区际循环。要从本地资源孕育的主导产业设计区域循环经济模式。

4. 集群发展原则

按照马歇尔《经济学原理》的观点，工业往往群集在不同的地区，各个城市往往在一组关联产品上进行专业化的生产。100年后，美国管理学家波特运用马歇尔的方式观察到，各国经济中能够在国际竞争中脱颖而出的产业往往集中在某些特定产品或产业环节上，从事这些产品或产业环节生产的企业又往往集中在该国特定的地理区域。这种产业集群现象是循环经济采取针对性措施的主要依据。不同区域的循环经济方式会略有不同，原因就是产业集群的类型不同。

5. 动态性原则

随着经济的发展，区域的系统结构会不断重组和发生变化，因此区域循环经济的规划设计必须充分考虑到区域发展的基本规律，系统内部各城市或小区的发展状况以及区域外部环境的变化，经济模式及方法应当不断循环调整。

（三）区域循环经济的意义

区域循环经济是循环经济活动在区域层面和范围的发展，按照循环经济理念合理规划和调整特定区域经济和社会活动，确保区域的健康有序发展，对于发挥区域优势、促进区域发展、强化区域联系，具有极其重要的意义。

1. 发展区域循环经济是区域可持续发展的需要

区域循环经济以协调人与自然关系为准则，以资源利用最大化、废物排放最小化和经济活动生态化为根本目标，在区域范围内模拟自然生态系统运行方式和规律，使社会生产从数量型的物质增长转变为质量型的服务增长，能够从根本上解决区域发展中遇到的经济增长与资源环境之间的尖锐矛盾，实现社会、经济和生态的协调可持续发展。

2. 发展区域循环经济是循环经济规模效益的需要

集约型增长方式以更高的效率促进经济的增长，同样，对废弃物的再资源化也需要以集约型增长的方式加以处理，以较低成本达到有效利用的目的。有些问题在企业、园区，乃至单个城镇层面难以解决，需要在区域层面上解决才更有效率。例如，生活垃圾的处理和电子废弃物的回收，只有在更大的区域范围内进行处理才可能因规模经济而获得相应的效益。在某些领域，只有整个区域范围实行循环经济，才具有经济上的合理性和推动项目实施的可行性。

3. 发展区域循环经济是区域平衡发展的需要

从宏观层次看，由于我国各区域发展长期存在不平衡现象，各地推进循环经济的能力有差异，尤其在经济相对落后的地区，受就业、地方财政收入、群众生活需求等因素的制约，污染无法有效被治理，资源过度开采，生态环境破坏严重。落后地区自身难以解决这些问题，需要通过区域统筹才能够获得较好的结果。发达地区通过加强生态保护、开发旅游资源、调整产业结构、培训人才等方式帮助落后地区发展循环经济，从而实现双赢。

## 二、区域循环经济的架构与特征

工业化、现代化和城市化三位一体的相互作用，为人类社会创造出空前庞大的生产力、物质财富和现代文明，区域经济发展水平奠定区域社会发展和生态环境保护的物质基础。因此，在区域层面上全面推进循环经济建设，首要的是把循环经济理念贯穿于区域工业化、现代化和城市化的全过程中。构建完整的区域循环经济体系，核心问题是一个"仿生"过程，即遵循生态学法则调整区域经济布局、经济规模、产业结构、运行方式、管理机制和法律环境，并使其与赖以生存发展的自然生态系统高度协调。同时，从政府主管部门制定区域发展战略和实施生态管理角度出发，建立客观评价区域循环经济发展水平或"循环度"的评价方法及指标体系。循环型区域经济体系的主要特征表现为以下几点。

1. 经济布局的协调化

将循环经济理念引入区域协调发展战略与管理中，强调区域经济的空间布局与地域生态环境特征具有高度融合性，即充分利用自然生态系统的供给和还原能力，实现经济系统中摄取和排放途径的最佳配置。

2. 经济规模的适度化

区域经济规模应该建立在资源和生态环境承载力的基础之上，避免经济规模的机械增长，强调发展内涵和提高经济效率，有效降低区域发展的外部不经济性和资源环境损失。

3. 产业结构的仿生化

按照生态系统的结构特征及其种群之间的共生关系，从生产、流通、消费与物质还原等重要环节，构筑生态化与均衡发展的产业链群，突出物质、能量和信息在各产业链群之间的"仿生"传递，不断提高自我维持水平。

4. 运行方式的生态化

强化对区域经济运行方式的生态管理，以资源与能源节约推广、污染物排放总量控制、清洁生产审计、ISO14000 认证、绿色 GDP 核算、生态工业园建设等为载体，将循环经济的 3R 原则渗透到生产、流通、消费、管理和文化等各个层面。

5. 推进机制的市场化

循环经济必须突出市场经济特色，建立在市场经济规律支配下从政府、社会、企业等多层面的推进机制，拥有符合中国国情的与发展循环经济相适应的经济政策、法律支撑、技术保障和社会环境等。

## 三、区域循环经济的产业结构

我国的经济发展即将进入一个崭新阶段，以短缺经济和数量扩张为主的发展阶段行将结束，经济的线性机械增长方式所造成的资源与生态环境压力反馈已经达到临界状态。走循环经济的发展道路，建立社会经济发展与资源、生态环境相协调统一的产业结构，是全面建成小康社会，顺利实现下一阶段宏伟战略目标的必然选择。扬弃传统的三次产业结构模式，将传统经济中的首尾环节即资源和环境提升为主线，以提高物质平均利用强度和运行过程生态化为发展目标，从生产（包括资源开采与加工）、流通、消费和物质还原四个经济环节，在市场经济规律支配下通过"仿生化"重组，逐步建立起循环经济型的产业体系。明确与循环经济相适应的各层次产业的结构特征、宏观调控方向与实现载体，并按照崭新的产业类型分别制订近期与中远期发展战略。

1. 优化产业链群的共生关系和空间布局

在政府宏观调控范围内，以资源环境为发展平台，优化区域产业链群的空间布局和结构组成；根据区域资源条件、自然环境特征和经济基础的地域性差异，与区域其他规划相衔接，因地制宜地对区域循环经济功能进行分区；调整各功能区内经济系统的形态结构与营养结构，理顺区域产业链群的职能分工与协作关系，增大区域经济的内部循环水平；通过实施有利于循环经济发展的政策导向和生态化的空间管制，发展优势工业种群，完善工业代谢，各产业类型之间建立明确的共生关系；强调物质、能量和信息在各产业链群之间的"仿生"传递，从整体上提高区域内的物质平均利用强度和物质循环水平，促进区域产业结构不断向"仿生"系统进化。

2. 建设高度循环和优质高效的农业生产系统

广义的农业是培育各种生物的产业，包括农（种植业）、林、牧、渔业。它既是区域社会经济发展的基础，同时也是关系我国现代化建设和社会稳定的命脉产业。维持农业生产系统的可持续性，包括土地资源和农业生产资料的稳定性，农产品数量和食品安全水平，农业生产技术和劳动力素质等，直接关系到区域的资源供给、生态平衡、人口承载水平及其生活质量等多个方面。因此，发展循环经济，首先必须建立高度循环的区域农业生产系统。

农业生产系统是人类对自然生态系统的利用和改造，拥有循环经济的"资源—产品—再生资源"反馈式流程。发展循环经济的农业体系，首先要遵循生态系统的运行规律，因地制宜地合理利用自然资源，提高太阳能固定率、生物能的利用率和代谢物质的再循环水平。围绕农业增效和农民增收的基本目标，从土地利用规划、农业结构的调整、生产方式革新、村镇工业发展、农村人居环境建设、农业管理体系完善等多方位实施生态化重组，达到农业结构与生态环境的协调化、农业生成过程的现代化、农副产品的无公害化和农业废弃物的还原化，将农业生产系统建设成为区域循环经济的先导和典范。

3. 发展与资源环境相协调的工业生产系统

工业经济决定着区域社会经济发展的总体水平，又是区域能源消耗、物质输入输出和环境污染物排放的首要系统。总体上，我国工业技术水平与世界先进水平比较还有很大的差距，技术装备落后，能源和原材料消耗高，环境污染物排放多，不断扩大的工业规模与资源环境之间的矛盾冲突在所难免。因此，全面推进循环经济是区域工业系统实现可持续发展的必由之路。

发展循环经济的工业体系，核心问题是实现区域工业经济空间布局、营养结构和生产过程的生态化。在区域层面上，对区域内工业系统的空间布局进行优化重组，通过政府宏观控制建立资源节约型和与当地生态环境特征协调一致的工业体系，逐步实现工业废弃物的就地还原。在结构布局方面，通过资源配置和政策导引，做大做强优势工业种群，同时坚持工业经济多样化原则，理顺工业代谢关系，延伸以优势工业为主干的产业链，提高物质在区域内的循环利用水平；高标准建设生态工业园区，实施污染物的集中处理，优化能源布局、能源结构和能流梯级利用关系。在企业内部，坚持走内涵发展和科技进步之路，转变单靠扩大规模的工业增长方式，用生态化和信息化指导工业企业的升级改造，通过不断提高终极产品的比例，实现原材料和工业废物的减量化。

4. 建立以生态文明为导向的流通与消费系统

以农业和工业生产系统为依托，建设功能完善的流通与消费系统，提高区域物质循环和信息流通水平，促进区域第三产业朝着结构合理的方向发展。传统的第三产业要通过改革和优化组合，以现代化经营理念进一步完善服务功能，重点发展现代物流业、商贸流通业、绿色交通业和餐饮娱乐业；拓宽新兴第三产业的发展空间，以建设现代化的服务体系为目标，积极发展生态旅游、信息咨询、技术服务、社区服务、法律和会计服务等新兴产业，规范发展金融保险和证券业，引导房地产业向绿色建筑业发展，健全资产评估、业务代理、行业协调等中介服务业。

在全社会树立绿色消费观和消费方式，遵循功能为本、物有所值、俭朴节约、物尽其用的原则，改变传统落后的生产消费和生活消费方式。供人们生产和生活消费需求的产品和服务，必须把自然资源和有害物质的使用量降到最低限度；对于生产消费性产品和服务，将绿色消费观向前延伸至生产所需的原材料采掘、获取和初加工过程；生活消费性产品和服务，关联到生命周期终结后废弃物处理和再利用。总之，要将生态文明贯穿到从自然资源开发、产品设计和生产、商品流通、最终生活消费及其废弃物归宿的全过程。

5. 创建产业化和市场化的物质还原系统

在传统价值观念和市场规律支配下，以追求经济利益最大化为目标，所形成的产业体系属于"资源—产品—废物排放"单向流动型的模式，缺乏循环经济体系运转时所必需的物质还原环节。自发产生的废旧物资回收与再生业，基本上处于无序发展和非市场化状态，为片面追求经济利益往往造成更大的资源浪费和环境污染；而在现有环境经济政策下被动形成的环保设施和生态工程，由于基本上处于所有者经济利益受损状态，很难实现持续性运转，更无发展壮大的价值取向。因此，从区域层面上发展循环经济，就必须创建产业化和市场化的物质还原系统，并将其作为发展循环经济的关键环节加以推进。

将物质还原产业作为新兴支柱产业，树立崭新的价值观和价值评价体系，从发展循环经济所必需的区域性乃至跨区域性的物质还原环节出发，全面提升传统资源再生业和环保产业的经济地位，促使其向网络化、规模化和现代化发展；从自然生态系统的物质分解能力延伸拓展物质还原产业的内涵，以循环经济价值观调动区域生态资产保有与扩充的积极性，把生态保护、生态建设和生态恢复等作为新兴产业加以发展壮大；从技术经济出发，通过社会价格体系和利益分配关系的重新调整，建立资源再生现代化、环保产业市场化、生态建设产业化的运作机制。

## 四、区域循环经济的标志性产业

衡量区域循环经济发展水平的重要标志，在于该地区生产、流通和消费系统与生态环境的界面之间能否实现物质的可持续交换，即整个系统从环境摄取和向环境排放的物质数量与质量维持平衡。与自然生态系统相比拟，经济循环程度在某种意义上是由区域内部的物质分解还原能力所决定。

1.物质还原在复合生态系统中的作用

人类社会的生存环境是由社会、经济和自然组成的相互协调、相互关联的复合生态系统。要实现可持续发展，就必须使得社会、经济、自然三个系统相互之间保持信息畅通和物质高效循环流动，确保形成一个稳定系统。长期以来，社会和经济两个系统已经形成了关系紧密、结构稳定的依存关系，但传统的社会经济发展模式，使人们有意无意地与自然环境对立起来，线性经济本身就是"唯我独尊"的人工系统，与它赖以生存发展的环境之间不相协调。因此，要使它们协调起来，必须在它们之间建立一种崭新的关系，循环经济正是谋求三者之间有机结合的最佳途径。通过营造与之相适应的物质还原能力，使生产、流通、消费各环节与环境相融合，不但使物质在区域社会经济内部得到畅通的循环运动，而且将来源于自然环境的物质资源以再利用或无害化的形式还原到自然环境中，物质还原过程在复合生态系统的稳定协调运行中起到桥梁和枢纽作用。

2.物质还原产业的发展途径

经济的再生产过程，不管它社会性质如何，总是同自然再生产过程交织在一起，产业的综合生产力是由劳动的自然生产力和社会生产力两者相结合而决定。发展壮大物质还原产业，最为经济有效的举措就是增大自然生产力，从区域生态保护、生态建设和生态恢复入手，把生态工程列入物质还原产业的范畴，维护并不断扩大区域生态资产的保有量，使区域自然生态系统的物质还原能力始终保持健康水平；另一方面是建设高效的人工物质还原系统，弥补自然生态系统还原能力的缺失。在市场规律支配下，把各个经济系统的物质流、信息流有机地结合在一起，在错综复杂的经济运行系统中形成一个网状的循环回路，增加整个区域经济系统的内部循环，减少原材料输入和废物输出，最大程度地增加区域经济系统的生态效益。

3.物质还原产业与传统产业的关系

物质还原产业在整个循环经济体系中，发挥着对生产、消费和流通过程产生的废物还原成再生资源而重新投入生产的作用，作为重要的补充环节，其在将传统的单通道线性经济转换成网络型有回路的循环经济中发挥着不可或缺的作用。只有将物质还原提升到同等重要的产业门类，传统的三大产业才能有效实现"物质的循环"。在循环经济体系中，物质还原就像自然生态系统中的分解者一样，负责把系统中其他各环节产生的"副产品"还原为有用的生产和消费资料，它与循环经济体系中的其他产业成并列关系，形成传统的第一产业、第二产业、第三产业和物质还原产业共同构成完整的循环经济体系。

4. 物质还原产业发展的环境经济政策

当前我国的环境经济政策仍是以政府行政干预和控制为主，在大力发展循环经济的形势下，必须建立一套面向市场的、完善的资源与环境政策。首先，需要一个综合的决策机制和良好的宏观条件，包括完善的法律保障和监督实施、有力和稳定的行政管理体制、资源与环境所有权、使用权和经营权分明的社会制度、综合资源环境在内的经济核算体系。为全面推进物质还原产业，必须从价格、税收、投资信贷和微观刺激等方面采取具体举措：（1）合理的调整环境资源价格，使价格准确反映环境资源和能源的真实价值，建立可持续的环境资源和能源价格体系；（2）完善现行的环境收费和税收制度，包括改革排污收费制度、统一和完善资源税（水资源、矿产资源、森林资源等）、开展生态环境补偿收费、实行税收差异类优惠政策、对于资源再生产品和清洁生产给予税收优惠等；（3）明确环境和责任，确保环境资源的有偿使用和转让，包括生态资产所有权转让、环境资源有偿使用和转让、建立环境资源实物账户和价值账户等；（4）创建和利用市场，包括排污交易制度、押金退款制度、环境保险制度等；（5）加强投资和信贷政策的环境导向，政府加强对生态基础产业的投入，包括对物质还原产业建设项目实施优惠政策，推广生态环境投资有偿使用，允许吸收多渠道资金发展物质还原产业等；（6）引进竞争机制，借助社会和公众力量，全面推进物质还原产业的发展与壮大。

# 第二节　区域循环经济核心指标体系分析

从区域循环经济内涵出发，依据循环经济的运行原则并借鉴国内外各种"绿色"发展评价指标，建立科学、全面、简明的衡量区域循环经济发展的核心指标体系是评价和监督循环经济发展现状和发展趋势、找出发展的重点和难点、明确各区域发展差距以及对政府政绩考核的一项重要内容。

## 一、我国循环经济指标体系研究现状

循环经济是一种经济发展模式的革命，需要社会各个层面的参与和推动才能实现。现在我国在社会、区域和企业三个层面上，分别通过 3R 原则实现物质闭环流动，构建循环经济的产业体系。目前关于循环经济评价体系的研究也分别是从这三个层次上进行的。一是面向企业，二是面向工业园区，三是基于区域和国家层面。

社会层面循环经济评价体系是对区域社会、经济、生态环境系统协调发展状况进行综合评价与研究的依据和标准，是综合反映社会、经济、生态环境系统不同属性的指标按隶属关系、层次关系原则组成的有序集合。

国际上通常采用物质流分析的方法，建立相应的指标评价体系评析经济活动的效率、资源和环境的压力等。在我国，环境保护部政研中心周国梅博士和清华大学刘滨副教授也是在对物质流分析和物质流管理的国家经验方法上进行研究的，并在此基础上提出国家循环经济社会发展目标。两位专家从物质利用总量和强度两个方面分析了物质流分析和物质流管理与循环经济的密切关系，指出循环经济的核心调控手段就是物质流分析和物质流管理，提出了评价指标体系。周国梅博士所设置的评价指标体系分为总体层、系统层、状态层、变量层四个等级。总体层出综合表达循环经济发展能力，代表循环经济发展总体运行情况和效果。系统层将循环经济发展指标体系解析为互相联系的四个子系统评价指标：经济效益评价指标体系、资源能源效率指标体系、生态环境效益指标体系、循环特征循环指标体系。状态层指标是评价以上四个子系统状态的指标。变量层用来表述状态层的具体变量，对其状态的数量、强度等进行度量。

总之，针对区域和国家层面循环经济评价指标体系研究，主要有以下几种情形。

1. 所建立起来的指标体系使循环经济概念有泛化的倾向，将循环经济类同于可持续发展，与其二维定位不一致。

2. 是从物质流分析方法的角度。该指标体系中大都是状态性指标，没有潜力指标，缺乏管理类指标，没有充分考虑影响循环经济发展的重要因素以及循环经济与可持续发展之间的内在联系。是从目标—过程—条件角度进行研究，如国家统计局拟建立的我国循环经济指标体系，目前尚在研究之中。

3. 从生态效率角度。如周国梅等人借鉴生态效率指标体系的内容，对循环经济的评价指标体系进行了初步研究和设计，但有待进一步深入研究。

## 二、区域循环经济评价指标体系的构建原则

区域循环经济的发展是一项复杂的系统工程，在遵循循环经济发展的基本原则、充分考虑区域性特征的前提下，评价指标体系的设计要满足系统性、科学性、可比性、动态性等原则。

（一）区域循环经济系统分析

区域循环经济系统是由相互作用和相互依赖的若干部分组成的具有特定功能的有机整体，它从属于一个更大的循环经济系统，同时又可将其划分为经济、社会环境等若干个子系统。

1. 区域循环经济系统的相对开放性

循环经济的发展要求物质和能量尽可能在系统内部实现减量化和再循环，但是作为区域循环经济系统，又与外界存在着相互作用，需要与外界不断进行物质、能量和信息的交换，使其纳入更大范围内的循环体系，因此，区域循环经济系统具有相对开放的特征。

2. 区域循环经济系统的层次性

从整体角度看，区域循环经济系统可以看成总系统中的一个子系统，而从其自身来看，它又是"经济—社会—环境"的复合系统，可以划分为几个层次。首先，可以划分为生态环境子系统和人类子系统，而人类子系统又可以划分为社会子系统和经济子系统。

3. 区域循环经济系统的动态性

区域循环经济不是一个静态的结果，而是一个不断发展的过程。随着区域循环经济发展水平的提高、发展环境的改善，以及旧问题的解决和新问题的产生，系统的很多特征会随时间而改变，要随机对其进行监测，构建的指标体系也要不断地进行调整。

（二）区域循环经济评价的特点

从系统论的角度看，对区域循环经济发展的评价指标体系应具有以下特点。

1. 整体性

评价新世纪经济发展的合理性，需考虑可持续发展的三个维度，即实现经济、社会与生态环境的三维整合。循环经济则是可持续发展的"三赢"经济，把经济发展、生态保护、社会就业统一起来，要求从三维分裂的发展走向三维整合的发展。因此，循环经济发展系统是一个复杂的大系统，各子系统有序运行是大系统发挥整体功能的基础，而大系统综合目标最优则是各子系统发展的目标。因此评价指标体系必须从整个大系统的角度出发，将生态环境、社会与经济发展等诸方面作为一个整体来考虑。

2. 体现循环经济的 3R 原则

循环经济与传统经济截然不同，它将经济活动组织称为"资源—产品—消费—再生资源"的物质反复循环的闭路式流程，所有原材料和能源在这个不断进行的经济循环中得到最合理的利用。把循环经济落实到操作层面上的指导原

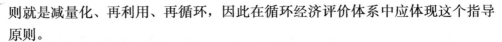

则就是减量化、再利用、再循环，因此在循环经济评价体系中应体现这个指导原则。

### 3. 动态性

每个区域发展系统内部不是静止不动的，而是按照一定的方式有序地运动着。这种运动是由诸多矛盾的演化推进的，如确定与随机、协同与制约、熵增与熵减、更新与毁灭、保护与开发等。区域循环经济发展系统表现为自然演化过程和人工演化过程，前者一般表现为缓慢和渐进的过程，后者则带有突变的性质。区域的资源、社会、经济和生态环境发展状况较多地受社会经济规律的支配，有着巨大的爆发力，是循环经济评价体系中的关键问题。区域的循环经济发展系统就是要建立良性循环的运行机制，运用评价体系对该系统动态过程进行监测、调控。因此，评价指标体系应具有动态性，随着区域的不断发展而不断改进。

### 4. 地域性

由于区域之间的自然条件、经济发展水平、社会发展状况等方面的差异，各地区之间社会、经济、生态发展状况不一，造成各区域间发展的不平衡性。循环经济发展模式的实现要基于不同地区的实际情况展开。因此评价体系要根据不同类型的地区要有所改变，使之具有地域性。在设计循环经济评价指标体系的时候，在选择一些基本指标的前提下，再根据各地区的实际情况，采用某些特别指标，以便能更合理地评价各地区循环经济发展的实际状况。具有地域性特征的评价指标体系才能真正发挥优势，充分合理地利用各地的人力、物力资源，大力发展循环经济，实现社会、经济、生态效益的统一。

### 5. 阶段性

制定循环经济评价指标体系，除考虑地域特性外，还要有阶段性特色。不同的发展阶段，其评价的指标应具有各自的特点，应有所不同，不能有超越阶段选择不合适的评价指标。

## （三）区域循环经济评价指标体系的构建原则

区域循环经济评价指标体系的构建，不仅要遵循指标体系设计的基本原则，同时还要考虑循环经济的基本特性以及区域可比性与特色性等。

### 1. 3R 原则

循环经济建设的评价指标的选择应全面遵循 3R（减量化、再利用、再循环）的原则，指标充分体现社会经济发展中资源的减量化投入、资源的再利用和资源回用状况和由此产生的效益。

### 2. 系统优化原则

循环经济是个复杂的系统，对其进行评价，既要避免指标过于庞杂，又要避免因指标过少而遗漏重要方面，应追求评价指标体系的总体最优或满意。为实现系统优化，设计评价指标体系的方法应采用系统方法，例如系统分解和目次分析法等，由总指标（总目标）分解成次级指标，由次级指标再分解成三级指标（可将这三个层次分别称为目标层、系统层、指标层），并组成树状结构的指标体系使体系的各个要素（单个指标）及其横向结构（层次结构）能满足系统优化要求。

3. 评价指标与系统目标一致性原则

评价一个系统的综合发展，也就是评价其目标所达到程度。因此，评价指标与系统目标的一致性，是绩效评价的基本要求，主要表现在评价指标的内容是否反映了目标的实质含义。达到一致性，不仅能够正确评价系统的发展程度，而且能引导系统朝着正确的方向发展。

4. 科学性与实用性原则

区域循环经济评价指标体系设计应当充分反映和体现循环经济的内涵，从科学的角度系统而准确地理解和把握循环经济的实质。评价指标体系也应能够反映事物的主要特征，数据来源要准确、处理方法要科学，具体指标能够反映出循环经济主要目标的实现程度，指标体系能客观综合地反映社会进步、经济发展、资源消耗与利用、生态环境等方面，同时指标体系中的指标必须目的明确、定义准确，所运用的计算方法和模型也必须科学规范，以保证评价结果的真实和客观。

5. 动态性与稳定性原则

评价指标体系中的指标内容在一定的时期内应保持相对稳定，这样可以比较和分析循环经济发展的过程并预测其发展趋势。发展循环经济是一个循序渐进的过程，要求一些指标充分考虑动态变化的特点，所以设计指标体系时应充分考虑系统的动态变化，可以根据不同阶段的特点，设计相应的指标量化目标值，既能反映可持续发展的历史特点和现状，又能综合地反映发展过程和发展趋势，便于进行预测与管理。

6. 可测性与可靠性原则

评价指标体系应充分考虑到数据的可获得性和指标量化的难易程度，定量与定性相结合，循环经济评价指标体系应尽可能量化。对于一些难以量化，但其影响意义重大的指标，也可以用定性指标来描述。定性指标应有一定的量化手段与之相对应，如采用专家问卷调查等方式确定一些难以量化的指标。另外，统计指标的选择应含义明确，口径一致，与国际惯例接轨，符合国际规范和国内现行统计制度的要求，以保证统计数据的可靠性。

7. 区域性与特色性原则

由于区域的自然条件、发展历史、文化背景、地理位置等方面的差异，区域间社会经济发展的水平差异很大，造成各区域间发展的不平衡，各区域在建设循环经济的过程中基础差异巨大，侧重点和关键问题各不相同，重点和难点也不相同，必须根据各地实际设计指标体系进行评估，所以，在进行区域循环经济评价时，要因地制宜、根据本区域的基本特点，确定科学、合理的评价方法、指标体系和指标权重，对发展状况进行客观和准确的评价。

### 三、区域循环经济发展的目标

从大的方面看，区域循环经济的发展的目标是实现经济、社会和生态环境三个系统的协调与可持续发展；从具体的方面看，区域循环经济的发展要扬弃传统的三次产业结构模式，将传统经济中的首尾环节即资源和环境提升为主线，以提高物质平均利用强度和运行过程生态化为发展目标，从生产（包括资源开采与加工）、流通、消费和物质还原四个经济环节，在市场经济规律支配下通过"仿生化"重组，逐步建立起循环经济型的产业体系。

生产系统方面，实现生产发展与资源环境的相协调。生产环节是区域能源消耗、物质输入输出和环境污染物排放的首要环节，在生产结构布局方面，通过资源配置和政策导引，做大做强优势工业种群，同时坚持工业经济多样化原则，理顺工业代谢关系，延伸以优势工业为主干的产业链，提高物质在区域内的循环利用水平；高标准建设生态园区，实施污染物的集中处理，优化能源布局、能源结构和能流梯级利用关系；在生产企业内部，走内涵发展和科技进步之路，转变单靠扩大规模的工业增长方式，用生态化和信息化指导工业企业的升级改造，通过不断提高终极产品的比例，实现原材料和工业废物的减量化。

实现以生态文明为导向的流通与消费系统。以生产系统为依托，建设功能完善的流通与消费系统，提高区域物质循环和信息流通水平，促进区域第三产业朝着结构合理的方向发展。供人们生产和生活消费需求的产品和服务，必须把自然资源和有害物质的使用量降到最低限度；对于生产消费性产品和服务，将绿色消费观向前延伸至生产所需的原材料采掘、获取和初加工过程，生活消费性产品和服务，关联到生命周期终结后废弃物处理和再利用。

实现物质还原系统的市场化产业化。将物质还原产业作为新兴支柱产业，树立崭新的价值观和价值评价体系，从发展循环经济所必需的区域性乃至跨区域性的物质还原环节出发，全面提升传统资源再生业和环保产业的经济地位，促使其向网络化、规模化和现代化发展；通过营造与之相适应的物质还原能力，使生产、流通、消费各环节与环境相融合，不但使物质在区域社会经济内部得到畅通的循环运动，而且将来源于自然环境的物质资源以再利用或无害化的形式还原到自然环境中，物质还原过程在复合生态系统的稳定协调运行中起到桥梁和枢纽作用。

总之，衡量区域循环经济发展水平的核心问题，就要评价一个区域生产、流通、消费和物质还原这四个环节的实现程度，最终实现区域经济、社会和生态环境的协调和可持续发展。

## 四、区域循环经济核心指标体系的设计思路

通过对区域循环经济发展目标的研究，依据循环经济的指导原则，因此，区域循环经济的核心指标应该从整个区域物质的生产、流通、消费和物质还原各个方面来体现和设计。

### （一）总体思路

区域循环经济核心指标体系的设计要依据区域循环经济的内涵和目标，遵循基本的构建原则，在分析系统结构、层次结构的基础上，参考包含生态环境核算的各种指标体系，将循环经济的核心指标纳入各个子系统的分析当中。

1. 系统结构

区域循环经济的最终目的是实现区域的经济、社会和生态环境的协调、可持续发展，而将三者紧紧联系在一起的是整个区域的物质流动状态，即生产活动、流通活动、消费活动和物质还原，因此，整个区域循环经济水平的高低取决于这四个环节运行效率好坏。

2. 层次结构

区域循环经济核心指标体系的建立应从四个层面入手，即生产过程、流通过程、消费过程和物质还原。生产是区域能源消耗、物质输入输出和环境污染物排放的首要环节，因此，生产层面循环发展水平的高低是区域经济系统循环发展好坏的关键；流通和消费是经济系统的必要组成部分，同时它也是经济运行中主要废物输出系统之一，减少流通与消费的废物输出和物质能源消耗将大大提高经济系统总体的生态效益；物质还原使生产、流通、消费各环节与环境相融合，不但使物质在区域社会经济内部得到畅通的循环运动，而且将来源于自然环境的物质资源以再利用或无害化的形式还原到自然环境中，是其他各个环节纽带和桥梁。

3. 区域循环经济的核心指标

由以上系统和层次结构的分析，区域循环经济的核心指标从生产、流通、消费和物质还原四个方面来设置为生产过程指标、流通过程指标、消费过程指标和物质还原指标。在生产过程指标中设置了资源、能源消耗指标和污染物排放指标以及物质利用强度指标；在流通过程指标中设置了物质流通指标和消费品流通指标等；在消费过程指标中设置了资源、能源消费指标、绿色商品消费指标和信息服务业消费指标；在物质还原指标中设置了污水回用指标、垃圾资源化和废物回

收利用指标。为了适应区域循环经济发展评价工作的开展，建议逐步改革对当今指标数据的基础统计，以区域循环经济指标体系为基础，进行数据的统计，为区域循环经济评价做好基础性工作。根据以上区域循环经济的指标框架，结合现状的数据统计，制订指标体系的标准值，有利于区域与区域之间的发展评价的比较，更有利于政府部门依据这些指标加以全方位推进。

# 第七章　循环经济与企业科技创新

## 第一节　我国企业技术创新与循环经济的现状

### 一、我国企业的技术创新实践及其特征

我国学者对技术创新的理论研究是从 20 世纪 80 年代初介绍西方研究成果开始的，随着研究的不断深入，很快由单纯评介西方技术创新理论和研究方法转向对我国企业技术创新活动的实证研究上来。在借鉴英国、西班牙、美国等国家和经济合作与发展组织（OECD）开展企业技术创新调查的做法的基础上，从 1990 年开始，清华大学、中国科学院科技政策与管理研究所、国务院发展研究中心、国家统计局、哈尔滨工程大学等单位，对全国大中型企业、乡镇企业，广东、福建和甘肃等地区的部分企业，以及船舶工业企业的技术创新状况进行了问卷调查。这些调查及后续的研究成果为国内技术创新理论的研究奠定了坚实的基础。

从目前国内技术创新理论研究涉及的内容来看，我国技术创新研究涉及三个方面，即经济学的、管理学的和技术哲学或者技术社会学的研究，技术创新的经济学研究和管理学研究。尽管近年来国内技术创新的理论研究取得了长足的进步，但是与国外相比，除技术创新政策、技术创新扩散等少数领域外，无论在理论研究的水平，还是在研究的领域等方面我国都存在较大的差距。我国技术创新理论的研究与发展还不是很成熟，尚处于一种边缘理论的地位。由于我国技术创新理论主要是借鉴西方发达国家，其理论基础仍然是西方经济学，其本质仍然是追求利润最大化。

我国技术创新实践模式基本还是秉承西方技术创新理论，主要有以下几个特点。

第一，单一的创新主体。在传统的技术创新理论中，企业家或企业是唯一的创新主体。

第二，单一的创新目标。在传统的技术创新理论中，技术创新是企业家组织的以企业为载体为实现企业设定的目标而进行的活动。企业是创新投入、创新活动、风险承担、成果享有的主体，一切创新资源的配置重组都是围绕着企业的目标进行的。因而，判断技术创新的成功与否的主要标志是其市场实现程度，即获

得商业利润。正是由于技术创新可以给企业带来巨额的回报，是提高竞争力的关键，市场这只"看不见的手"才得以使创新资源自发地集中到最有利润潜力的创新客体。技术创新的主要动力来自市场需求，技术创新的每一项活动都必须以市场需求为导向，最终的目的是将新产品、新技术推向市场，成为商品。创新理论不仅重视发明创造，而且重视发明创新转化的生产力。

第三，单一的创新层次。技术创新是企业获得持续竞争优势的主要源泉，因而传统技术创新理论将企业作为主要创新层次是无可厚非的。问题是技术创新的市场机制本身有缺陷，特别是现代技术本身就带有破坏生态平衡、不利于可持续发展的负面影响。技术创新意味着资源重组和产品结构的变化，在这个过程中，如果不考虑技术创新对资源和环境的影响，那将是非常有害的。因此，单一的企业层次是不够的，必须辅之以国家层次即国家创新体系，以确保体系内的各要素适当地具有一系列共同追求，并使这些追求与国家当前以及未来的重要目标相一致，尤其是对可持续发展的技术创新作必要的补充。

## 二、我国企业技术创新现状与发展循环经济之间的矛盾

作为一种生态经济，循环经济必然要求以生态化的技术作支撑，在同样要求企业实施生态化的技术创新，而我国企业目前的技术创新活动依然是传统发展观指导下的创新，与循环经济的要求相去甚远。笔者将从企业的技术创新观念入手，在企业产品创新、工艺创新以及企业要不要组建面向循环经济的技术创新联盟几个方面分析企业现有的问题。

第一，企业缺乏生态化的技术创新意识。我国大多数企业缺乏生态环境的紧迫感和自然资源的危机感，同时缺乏保护环境的社会责任感，对循环经济知之甚少或者片面理解循环经济的概念、内涵与特征，对适应循环经济要求的生态化技术创新关注较少，没有从战略高度来看待生态化的技术创新，视野狭窄，目光短浅。很多企业管理者认为企业的经济效益与社会、生态效益是对立的。因此在进行技术创新模式和方向选择时，他们往往采取急功近利的方法，从而加剧企业对生态环境的破坏，从长远看，也削弱了企业的竞争力和可持续发展的能力。

第二，企业间缺乏面向循环经济的技术创新联盟。单个企业进行生态化的技术创新往往受到规模、风险、资金和人才等因素的限制，企业之间如果能够就生态化的技术创新活动组建联盟，无疑可以打破这些制约。组建技术创新联盟的更深层原因在于它是发展循环经济的必然要求，因为循环经济的基本内涵是整个社会再生产领域的资源循环利用，它要求建立一条生态链条，每个企业都在这条链上，互为因果、互为所用，只有共生才能共发展，企业自身的可持续发展其实是与其他企业的发展、与整个产业的发展联系在一起的。尽管组建联盟是一项极其复杂的系统工程，企业之间在目标、技术层次、资源、财务、管理类型和人员

匹配等方面的不协调往往会导致联盟的终止，但企业应该看到组建技术创新联盟的必要性，同时也要认识到联盟所带来的利益不仅是企业间的资源互用、风险共担、利润共享，更重要的是企业在竞争激烈的世界市场中通过联盟可以发现机会、拓展市场、把握机遇。

第三，企业现有的产品创新忽视了发展循环经济所带来的广阔市场。企业的产品创新是以市场为导向的，并用创新产品去开拓、占领新市场。我国企业的产品创新还是以模仿、改进和换代为主，全能型产品创新少的原因是企业不能及时抓住发展循环经济所带来的经济增长点和产品需求市场，要么就是在原有的产品基础上进行修修补补，要么就是添上几个花色品种或换代产品，不能通过面向循环经济的全能型创新去掌握市场主动权，这样缺乏核心竞争力的企业就无法应对国际国内产业结构调整所带来的挑战。

第四，企业围绕发展循环经济的工艺创新水平低。近年来，虽然我国企业的工艺创新水平有了长足进步，但与发达国家相比，与发展循环经济的要求相比，工艺创新水平目前仍亟待提高，我国企业工艺创新普遍面临的困境是围绕节约资源、降低成本、有益环境、有益循环经济发展的工艺创新过少，导致企业原材料的利用率低、能源消耗居高不下、产品质量不高、经济效益低，同时还加剧了生态平衡和环境质量的破坏。

### 三、我国发展循环经济的初步实践

由于所处的社会经济发展阶段不同，面临的环境与可持续发展问题不一，所以我国与西方国家在循环经济的认识与实践方面，有较大差异，形成了中国特色的循环经济理论及实践。我国 20 世纪 90 年代末年引入德国、日本循环经济概念，确立了 3R 原则的中心地位，将资源再生产业（即所谓静脉产业）列为发展循环经济的重点。但德国循环经济主要是"垃圾经济"，仅仅是从生产末端控制污染来保护环境，并未从根本上实现资源循环利用。日本通过立法明确了建设循环型社会的理念，循环经济却没有上升到经济社会发展新模式的高度。而以"垃圾经济"为核心的循环经济理论并不适合中国。

中国处于工业化中期，既无足够的废物量、也缺乏合理的市场价格形成机制。而且环境标准对成本的要求很高。以美国为例，20 世纪 80 年代以来，美国实施严厉的环境管制政策。美国环境管制改变了许多行业的市场结构，一些资本有限的中小企业由于达不到法定的污染排放标准而被迫倒闭，市场份额的配置格局大大改变。由于建立新厂需要对环境设备进行巨额投资，所以潜在的竞争者进入市场的行为受到限制。根据美国调查局对污染治理成本和费用的调查报告可知，美国工业平均需花费 0.6% 的收入用于污染治理，对于污染最严重的企业（包括石油、煤、化工及相关产品、金属、纸及相关产品等）来说，比例为 1.5%~2%。DECD 的一份研究报告显示：直接环境成本与生产成本的比例为 1%：5%。1%~5% 的额外成本对于竞争激烈的国际市场中的企业来说是比较高的。而这对于经济迅速发展的中国来说，环境管制的循环经济模式不适合。所以，中国的循环经济应以动脉产业为重点，而且应该小处着手、大处着眼，即我国应该以动脉产业为主，推广小循环、试点中循环，研究大循环（即对于区域层次上兼顾生产、消费的所谓大循环，研究比实践更现实）。

中国特色的循环经济的特征主要表现在两个方面。

第一，产生的背景方面。发达国家在逐步解决了工业污染和部分生活型污染后，由后工业化或消费型社会结构产生的大量废弃物逐渐成为其环境保护和可持续发展的需要解决的重要问题。在这一背景下，产生了以提高生态效率和废物的减量化、再利用及再循环（3R 原则）为核心的循环经济理念与实践。我国是在压缩型工业化和城市化过程中，在较低发展阶段，为寻求综合性和根本性的战略措施来解决复合型生态环境问题的情况下，借鉴国际经验，产生了自己的循环经济理念。

第二，内涵方面。发达国家的循环经济首先是从解决消费领域的废弃物问题入手，向生产领域延伸，最终旨在改变"大量生产、大量消费、大量废弃"的社会经济发展模式。从我国目前对循环经济的理解和探索实践看，发展循环经济的直接目的是改变高消耗、高污染、低效益的传统经济增长模式，走新型工业化道路，解决复合型环境污染问题，保障全面建设小康社会目标的顺利实现。所以，我国循环经济实践最先从工业领域开始，再逐渐拓展到包括清洁生产（小循环）、生态工业园区（中循环）和循环型社会（大循环）等三个层面。

从目前的实践看，中国特色循环经济的内涵可以概括为对生产和消费活动中物质能量流动方式的管理经济。具体讲，是通过实施减量化、再利用和再循环等 3R 原则，依靠技术和政策手段调控生产和消费过程中的资源能源流程，将传统经济发展中的"资源—产品—废物排放"这一线性物流模式改造为"资源—产品—再生资源"的物质循环模式，提高资源、能源效率，拉长资源、能源利用链条，减少废物排放，同时获得经济、环境和社会效益，实现"三赢"发展。

## 第二节　从哲学角度看技术创新与循环经济良性互动

### 一、马克思主义生态思想指导下的绿色技术创新

循环经济虽然是西方国家首先明确提出并予以实践的，但是从生态哲学思想的理论渊源来看，最早系统分析生产过程中废弃物循环利用的是马克思。在分析资本循环与利润率变化时，马克思认为，生产废料再转化为同一个产业部门或

另一个产业部门的新的生产要素，即所谓生产排泄物再回到生产从而消费（生产消费或个人消费）的循环中，是生产条件节约的一个途径。虽然马克思没有使用"循环经济"一词，但从他的一系列分析中可以得到三点理论启示：一是，废弃物的循环利用是资本循环过程中的生产条件；二是，废弃物的循环利用应该建立在规模经济的基础之上；三是，废弃物的循环利用是一种资本逐利的行为。显然，马克思是从节约资源从而节约资本和提高利润率的角度来认识资源和废弃物循环利用的，并没有把循环利用废弃物与环境保护和减少污染联系起来。我们可以把这种以节约为目的的资源与废弃物循环利用定义为古典循环经济。

生态问题是在近几十年内所凸显出来的"人与自然的关系"中的一个严重问题。生态观是自然观的一个重要方面。所谓自然观即人对自然的总的看法，是对人与自然的相互关系系统的哲学反思。马克思主义的自然观是辩证自然观、系统自然观。它主张人与自然在双向互动的过程中达到辩证的有机的统一。马克思主义关于人与自然有机统一的辩证自然观为当代人协调与自然的关系提供了根本性的指导原则。恩格斯在《自然辩证法》中指出："我们所面对的整个自然界形成了一个体系，即各种物质相互联系的总体。"恩格斯认为宇宙岛（银河系、河外星系）、太阳系（恒星系）、地球、地球上的生命和人类都是无限发展的自然界在一定阶段的产物，任何具体事物都有生有灭，整个宇宙是有机统一的整体，并处在永恒循环的物质运动之中。这是一幅辩证联系的世界图景。

马克思与恩格斯的基本观点是完全一致的。在对辩证自然观的表述形式上，马克思更突出了人与自然的辩证相互作用的方面。马克思在著名的《1844年经济学哲学手稿》中指出："那种抽象的、孤立的与人分离的自然界，对人来说一也是无"，"人直接地是自然存在物"，"人是自然的一部分"。在马克思看来把人与自身之外的自然连接起来的活动就是生产劳动，劳动改造了世界使它变成了"人化的自然"。因此，马克思甚至把自然比作"人的无机的身体"。可见马克思强调人与自然不可分割的内在联系，而不是像人类中心主义者那样把人与自然机械地对立起来。

从环境保护的观点来看，马克思把以劳动为中介的人（人的自然）与外部自然的关系，人的有机身体与"人的无机身体"（自然）之间的关系理解为"自然界同自身的联系"。马克思的这一思想与现代生态哲学家观点可以说不谋而合。

## 二、技术创新与循环经济良性互动的非线性系统理论分析

### （一）技术创新系统的非线性机制

现代系统哲学所描绘的客观世界的非线性图景与人类传统的线性思维模式是大相径庭的。传统的线性思维模式所勾勒的客观世界是一种以简单的线性关系为

基本特征的对象集合，没有间断和突变，更没有演化和发展，系统的过去、现在和将来总是一样的、对称的和完全决定论的。而非线性系统则展示了质的差异与飞跃，刻画了系统的复杂性及其演化规律。我们可以认为，正如直线是曲线的特殊情况一样，线性关系是非线性关系的特殊化或者简约化。"世界的本质是非线性的。"

首先，企业技术创新行为系统是一个动态的非线性系统。在一定时间里，该系统状态变量的当前值是早些时间变量值的非线性函数。也就是说，企业现在的技术创新行为是过去各种技术创新行为综合作用的结果。此外，企业技术创新行为系统的运行机制及系统行为的惯性与迟滞、系统内部的涨落，以及环境的扰动等因素，都可能导致企业技术创新行为的状态变量随时间推移呈现非线性变化。

其次，企业技术创新行为系统是一个复杂的非线性系统。系统内性质各异的因素相互联系，纵横交错。多目标、多功能、多输入、多输出、多参数、多变量、多干扰是企业技术创新行为系统所具有的复杂特性。正是在这些复杂特性的共同作用下，企业技术创新行为系统才表现出强烈的非线性特征。

最后，企业技术创新行为系统是一种以意识和行为为特质的人工的非线性系统。在这个系统中，人扮演了控制者、管理者和执行者的角色。显然，人是企业技术创新行为系统中最基本、最必要的因素，因为离开了人，行为无从发生；离开了人的正确意识和健康心理，行为将是盲目的和错误的。从个体角度来看，人是有意识有主动性的实体，个体间存在着十分明显的差异，而且个人的思想、情绪、偏好、行为又会随着时间、地点、条件的不同而不断地发生变化。从企业的角度来看，企业技术创新行为系统中的人，不仅是个体的人，而且是群体的人、组织的人，群体行为、组织行为的发动、协调和控制又要比个体行为复杂得多。因此人为因素的含量越高的企业技术创新行为系统，非线性特征越为明显。

技术创新行为系统中要素间的竞争和协同关系，实质上是非线性相互作用的体现。竞争的意义在于发展一种"互赢"且充满活力的运行机制，形成对用户和社会更有价值的创新产出；协同是保持集体性的状态和趋势的因素，它不仅使要素之间发生相互感应，而且也使系统与要素之间发生相互感应。各种创新行为的合理规范化，各种措施的相互配合和相互支持，都是为了企业技术创新行为系统的总目标的实现。企业技术创新行为系统的总目标反过来又会调节每一种技术创新行为的力度和方向，从而形成个体与个体的良性循环。

（二）结构功能维度分析技术创新系统非线性机制

系统是由各种元素（或要素）组成的。系统的结构是指元素之间相互关系的总和，功能则是系统与环境相互关系中所表现的属性所具有的能力和所起的作用。技术创新结构是指技术创新系统中子系统或构成要素之间稳定的关联方式，它构成了技术创新系统整体信息的内在源泉；技术创新功能是指技术创新系统在与其外部环境相互作用中所表现出的行为方式，它反映的是技术创新系统的外在能力和功效。

当新的要素引进技术创新系统后，新要素对结构具有选择性，它会对与其他要素之间的结合方式提出新的要求。这种要求不断得到满足的过程就是原结构发生根本性变化的过程。反之，如果无法满足新要素对结合方式的要求，新要素就会产生游离或蜕变，结构将会恢复到原来的状态，无法实现预期的功能。

在循环经济理论指导下，技术创新要实现绿色创新、生态创新，这一新元素的介入，对原有的技术创新系统提出了新的要求。技术创新系统原有的各元素都应做出反应，促使传统的以利润最大化为根本的技术创新系统转变为可持续发展、生态化技术创新系统。

（三）协同化功能维度分析技术创新非线性机制

企业技术创新过程中非线性相互作用，还表现在技术创新系统内部元素之间以及内部元素与外部元素之间的竞争与协同上。技术创新系统内部诸要素或不同技术创新系统之间对外部环境和条件的适应与反应不同，技术创新主体的创新能力不同，获取的物质、能量以及信息的质量也存在差异，因而必然会造成竞争。这种竞争一方面造就了技术创新系统远离平衡态的自组织演化的条件，另一方面推动了技术创新系统向有序结构的演化。

技术创新系统的协同，反映的是不同技术创新系统之间或技术创新系统内部诸要素之间保持合作性、集体性的状态和趋势。系统是要素的统一体，也就是说要素处于相互作用之中。技术创新系统的运行过程是一项集研发、生产、管理于一体的特殊的社会实践活动，因而更要强调技术创新系统之间的合作性、协调性、同步性，表现为创新决策者、创新管理者与创新实施者之间的协同作用。创新决策者即企业家，是企业技术创新主体的核心，企业家的自身创新素质和决策胆识决定着企业创新能否兴起和创新的方向是否正确。创新管理者上传下达对技术创新的高效率有举足轻重的影响。创新实施者包括企业工程技术人员、营销人员和技术工人。工程技术人员是企业技术创新上技术机会的重要发现者，同时其知识更新水平和思维创造能力对整个企业的技术创新活动有着决定性的作用；营销人员则直接与市场打交道，是企业技术创新上市场经营机会的重要发现者；工人（特别是一线技术工人）的技术素质对于企业技术创新规模的实施有直接的影响，其技术创新意识与责任感则是企业寻求更多创新机会以及分解、缓和企业生产与环境建设活动中矛盾冲突的重要保证。二者之间只有密切配合、协同工作，才能使企业技术创新系统处于最优化运行状态，从而获取最大的整体效益。

### 三、儒家"天人合一"生态观的现代意义

儒家"天人合一"的传统哲学命题视天地人为一体，强调和追求天地人的整体性、系统性、和谐性，承认人和天地万物具有不可分割的意义关系即价值关系，对当代生态伦理的确立与发展具有重大的启迪意义。

从人的方面讲，由氏族社会遗留下来的宗法传统，使中国儒家文化归于以"求善"为目标的"道德型"文化和以"求治"为目标的"政治性"文化。而作为"道德型"的儒家文化，不讲或很少讲脱离伦理学说的智慧，有关宇宙认识论和认识论的探讨都从属或落脚于道德问题的基本点上。宗法社会重视的是人际关系而不是人与自然的关系。实现宗族内部的和谐，较之征服自然更为统治者及其文化人所注意。这种格局体现在教育方面便是"为学，不离从政"。儒家的"天人合一"的思想追求是一种通过道德的内在超越来实现人道和人性的和谐统一。在人之间，人道之则常常要服从于人伦之理，即表现出非常明显地将自然规律伦理化的思想倾向。对自然规律的探讨、对自然现象的揭示常常成为推导伦理道德的一个逻辑环节。自然的神圣性常常成为论证伦理道德神圣性的铺垫或衬托。如自然界的灾难现象常被用作人、事善恶评价的依据。宋明理学的产生旨在建构儒家道德本体论、为儒家道德本体论，即为儒家道德确立终极的价值根据。"心"或"理"的形而上学意义同样要借助于天地人的统一来确立。但是借助于天、地、人统一之序而确立起来的具有至高道德价值的"理"或"心"，反过来又形成了对整个自然界甚至整个宇宙的统摄、包容之势。天人合一的自然基础应该是人类与自然界在生态系统中的血肉相依的一体性联系。它的形而上学含义是对这种一体性联系的哲学抽象概括，而不能把人类的道德规定主观地投射给自然的天地。儒家人文主义传统薄弱之处，就是忽视了自然领域中天地万物的性质和规律。只重视"德行之知"而忽视"见闻之知"，这就必然缺乏对天地之道和自然生态规律的深刻认识。因此，必须以现代生态科学和新自然观的理论对儒家的人生观加以改造才能克服薄弱的天道知识，加强天道合一的科学基础和哲学基础，使这个天人合一观发展为与时代进步相适应的现代形式。

## 第三节　从绿色技术创新角度看我国循环经济

### 一、树立技术创新哲学新理念

自熊彼特提出"创新"概念以来，一方面由于经济的不发达与功利主义思想的影响，技术创新把经济利润最大化作为唯一追求目标。这种唯经济观促使创新

主体视效率为生命。忽视生态效益和社会效益；另一方面，由于人文技术与社会技术的复杂性及经济效益的潜在性，人们对二者难有直观的认识。而自然技术的经济效益很明显，于是人们对熊彼特"创新"理论有了偏颇的理解。认为技术创新仅指自然技术创新，着重从经济学与管理学角度来研究自然技术创新，注重通过创新将自然技术物化为商品，实现经济价值。而将社会技术创新与人文技术创新排除在技术创新之外，漠视社会技术创新与人文技术创新的重要性，从而造成技术创新体系结构的失衡和功能的缺陷，放大了自然技术创新的负面效应，导致自然生态危机和社会生态危机。技术创新的"双刃剑"面孔已是不争的事实。我们把这一时期的技术创新称作传统技术创新。

要逐步消除传统技术创新的负面影响，只有调整技术创新价值目标，树立技术创新哲学新理念，将自然技术创新、社会技术创新和人文技术创新有机统一起来。树立全面、科学的技术创新观，才能适应经济、科技、环境、文化、社会的变化和满足人的全面发展需要。因此我们提出生态化技术创新。自然生态化是前提，经济生态化是基础，社会生态化是保障，人的生态化是目标，通过实现经济、社会、自然生态化而最终促进和实现人的生态化。

生态化技术创新在注重经济增长的同时还关注节约资源和保护环境、关注社会进步和人的发展，符合社会发展需要和人的不断增长的物质、精神和生态需求，有利于和谐社会的建构，因而是科学的技术创新观。

在树立技术创新哲学新理念的同时，我们亦应将这些理念付诸实践。把研究成果转化为可操作的法制或规定条文。完善循环经济法制及生态化技术创新制度供给，可以从以下几个方面入手。

一是，努力构建完善的循环经济法律支持和保障体系。基本思路是修改完善《中华人民共和国环境保护法》。明确将循环经济作为一项法律原则予以规定，从而为我国制定生态环境单行法和其他政府行政规章提供法律依据；以《循环经济促进法》为母法，进一步修改完善《中华人民共和国固体废物污染环境防治法》《中华人民共和国清洁生产促进法》，制定出台《中华人民共和国资源综合利用条例》《中华人民共和国废旧汽车和废旧轮胎回收条例》等发展循环经济的专项法规，使循环经济法律制度尽快形成一个完备的体系。

二是，应通过立法准确界定政府在促进循环经济发展中的职能和职责，确立生态化技术创新的重要地位。在推进循环经济发展的过程中，政府发挥着不可或缺的积极功能和作用。但政府功能与作用的充分发挥，离不开相关法律制度的激励与约束。所以在循环经济立法中，应当明确界定政府的职责，要求政府在各种规划中，合理安排第一、第二、第三产业的布局，提升和优化产业结构。同时建立各项有利于生态化技术创新政策优惠，并及时发布新型技术信息，使得先进的生态化技术创新成果能早日投入生产。

三是，通过立法明确规定强制实施循环经济的重点范围和对象，进行部分行业的环境管制以及市场消费管制，从源头促使技术创新生态化、环保化。由于企业在现实中所处的地位、作用以及生产的内容不同，为了更好地促进循环经济的健康发展，国家完全有必要通过立法来明确规定强制实施循环经济的重点范围和对象，以法律的形式强制有关企业必须履行从产品设计到回收本企业废旧产品的全程义务。只有这样，才有可能大力推进循环经济的实施。

四是，通过立法规定消费者在发展循环经济中的权利和义务，强化社会公众的环保意识。循环经济的发展，需要广大消费者的心理认同和积极参与，只有通过循环经济法律制度的制定、宣传和实施，才能使广大社会公众关注公共环境，建立环境保护意识，强化资源节约理念，从而确保经济社会的可持续发展。

## 二、绿色技术创新实践对策

针对我国现状和循环经济发展的要求，应当从多方面综合考虑，有效突破阻碍企业绿色技术创新的主要障碍，推进我国企业绿色技术创新、树立循环经济理念，制定企业绿色技术创新战略。企业要以循环经济理念为指导，制定和实施以科学发展观为指导的循环经济绿色技术创新战略。从企业基业长青和和谐社会的发展需要出发，针对制约社会和经济发展瓶颈的资源环境问题，研究解决关键技术，重点研究能大幅度提高能源和资源利用效率的技术；研究先进的、与环境友好的制造业关键技术、以废弃物为原料的新型工业技术；研究和开发符合循环经济基本原则的新工艺和新技术，为实现循环经济提供技术支持、构建企业绿色技术创新体系和创新机制。

第一，建立一个企业技术开发机构；第二，建设以科研院所、大专院校为主的科技研究体系，这是技术创新的源头；第三，构建社会化的中介技术服务体系建设；第四，建立高效的、协调的政府管理体系，为技术创新提供保障。此外，在建立技术创新体系的同时，要加强技术创新机制建设包括技术创新的人才机制、技术创新的动力机制、技术创新的投入机制、技术创新的奖励机制，技术创新的竞争机制等。

## 三、加强企业绿色技术创新能力建设

第一，企业要找准绿色技术创新的方向。一是技术创新与环境保护紧密结合，凡是不利于环境保护和资源综合利用的有害技术，一律不列入研发课题；二是技术创新与技术改造相结合，通过对现有技术、工艺、设备、产品的改造，实现节能降耗；三是开展企业与科研院所合作，实现优势互补。

第二，构建绿色技术创新研究基地。借鉴发达国家的经验，以生态园区、高新技术开发区为基础，在生态园区、开发区内开辟专门的实验研究区域，产、学、政府各部门共同研究废弃物处理技术、再利用技术和环境污染物质合理控制技术，为企业开展废弃物再生、循环利用提供技术支持。

第三，加强市场开拓能力建设。这是创新能力很重要的一部分，也是目前最薄弱的环节。企业要认准并善于发掘技术创新的市场，只要技术创新得到市场的认可，能够为企业创造合理的效益，就能使创新持续下去。

## 四、建立多元化的投入机制

第一，加大国家对企业循环经济绿色技术创新的资金投入。建立专项基金用于循环经济绿色技术创新，引导外资设立私人基金或与地方政府共同出资用于重点项目的技术支持，按投资比例享有相应的知识产权，建立合作伙伴关系。

第二，政府可以考虑以优化资源环境管理作为公共投资的理由。

第三，充分发挥科技型中小企业技术创新基金作用，支持提高能源使用效率、节约资源的技术产品，扶持资源综合循环利用、环境友好的技术产品。

第四，落实 1998 年以来出台的相关政策和法规，使企业在技术创新方面有足够的资金，鼓励企业增加创新投资和风险投资。

## 五、创造有利于企业绿色技术创新的环境

要从制度上创造一种环境，运用经济杠杆，通过反映资源本身价值和资源稀缺程度的价格政策从外部约束并激励企业技术创新。通过法律手段，运用法律的权威来组织和管理企业科技活动，鼓励企业绿色技术创新，保护企业的技术创新收益，运用财政税收等经济政策干预企业技术创新，按照资源有偿使用原则，通过市场机制的作用使企业在开发利用环境资源时承担相应的经济代价，促使企业从自身利益出发进行绿色技术创新，同时支持企业绿色技术的研究开发与推广应用。同时加大排污收费力度，并返还企业专项资金用于绿色技术创新。

## 六、培养技术创新人才队伍

进行绿色技术创新，无疑需要一批专门从事绿色产品研究和开发的人才队伍。要促进企业建立创新人才的培养和使用机制，大力引进与培养年轻的技术带头人和技术创新管理人才，同时鼓励他们直接到企业从事研究开发；要鼓励高等院校和科研院所积极培养循环经济建设所需各级各类人才，通过在大专院校开设循环经济有关课程，加强对循环经济专业人才的培养。

## 七、完善技术创新的社会配套服务体系

一是，整合环保部门、产业界与高校和科研院所的力量，成立集咨询、技术服务、中介机构、风险投资等职能于一身的，面向循环经济的技术创新服务和促进中心，进行关键技术和共性技术的研究、国外先进适用技术的消化吸收和创新，以及咨询服务、技术培训等，为企业技术创新服务。二是，建立技术信息网络和信息传递机制，及时向社会发布有关循环经济的技术、管理和政策等方面的信息，以使企业及时了解国内外循环经济技术创新和扩散的最新发展动态提高循环经济创新信息的传递效率和准确性，提高创新效率，加快企业技术创新。

# 第八章　循环经济与企业绩效

## 第一节　循环经济与企业战略成本

### 一、循环经济视角下企业战略成本深究

（一）我国企业发展循环经济现状分析

1.循环经济下企业竞争环境日趋激烈

经济的飞速发展使得环境问题日益凸显，人类与自然的矛盾也日益尖锐，如何高效地循环利用自然资源成为当下值得深思的问题。循环经济作为一种新型的经济发展模式，遵循着"减量化、再利用、再循环"的 3R 原则，有利于实现资源的可持续利用及社会的可持续发展。在此背景下，我国适时引入循环经济理念，提出大力发展循环经济战略，同时，我国企业的竞争环境也日趋激烈。首先从宏观角度看来，我国在环境立法方面对企业的约束越来越大。我国陆续出台的相关法律法规对企业废弃物的排放等都有了严格的标准，并且对违规企业惩罚的力度也在加大，这使得"三高"型企业生存环境受到了极大的限制。与此同时，企业还面临着科学技术的飞速发展和人才竞争等压力。从企业自身角度来讲，循环经济要求企业管理者增强社会责任意识。在循环经济理念下，企业必须按照自然生态发展的规律来组织生产经营，利用高新技术，对生产经营的每个环节进行把控，减少不可再生资源的消耗，提高资源的利用效率及废弃物的再利用，将提高资源的利用效率等循环经济的理念贯彻到企业的生产经营活动中去，这也成了企业组织生产活动的约束条件。

总之，循环经济下企业经营的内外部环境都发生了剧变，企业的竞争比以往更加白热化。

2.循环经济尚未占据市场经济主导地位

我国经过 40 多年的改革开放，经济在得到飞速发展的同时，也遭遇环境恶化、资源短缺等瓶颈。早在 20 世纪 50 年代，我国就已经对资源的循环再利用进

行了探索。到 20 世纪 90 年代，我国引入了循环经济的理念，并通过立法等逐步确立了循环经济在我国的战略地位。2011 年，循环经济被写入了"十二五"规划中。在实践应用方面，2005 年以来，国家发展改革委等六部委开展了两批国家循环经济试点示范工作。2010 年以来，发展改革委、财政部等部门又组织开展了园区循环化改造、"城市矿产"示范基地等方面的试点示范工作。2020 年 4 月 29 日，十三届全国人大常委会第十七次会议审议通过了修订后的《固体废物污染环境防治法》，加强了责任延伸制度，促进了固体废物减量化、资源化和无害化建设，助推了循环经济和"无废城市"建设的发展进程。2021 年 2 月，国务院发布《关于加快建立健全绿色低碳循环发展经济体系的指导意见》，提出建立健全绿色低碳循环发展经济体系，推动经济走上绿色低碳循环发展的道路，这是解决我国资源环境生态问题的基础之策，也是实现碳达峰、碳中和目标的首要途径。推动循环经济发展，是全面贯彻落实创新、协调、绿色、开放、共享发展理念的必然要求，推广循环经济试点示范中形成的典型经验，有利于推动循环经济的全面深入发展，提高生态文明建设水平。然而到目前为止，我国发展循环经济的企业主力依旧是各试点企业，主要还是在国家的引导下进行，并没有真正完全地进入市场竞争中，企业在离开了国家政府的扶持后，并没有自主发展循环经济的内在动力。换言之，循环经济并没有成为企业发展的主流。

3. 企业短期趋利行为明显

循环经济与传统经济的主要区别就在于在整个产品生命周期中，从产品设计、制造到使用、报废、回收全过程中对废物的循环再利用，利用回收及再制造技术、面向环境和资源的生态技术等，以实现企业经济效益和社会效益协调优化的目标，这主要依赖于技术的创新。循环经济对企业的技术创新提出了更高的要求。成功研究新技术固然可以给企业带来高额的收益，但是研发阶段具有成本高、周期长并且结果具有极大的不确定性。一旦失败，除了大量增加企业成本外，还将错失很多潜在的市场机会，更有可能因为研发资金的大量投入给企业带来财务方面的危机。因此，在循环经济发展理念下，以较小发展成本获取较大经济效益、社会效益和环境效益的长期目标与企业追求短期业绩增长的目标发生矛盾。基于上述原因，企业在制订战略及确定研发策略时，更趋向短期可以带来利益的项目，只注重当前的研发成本，不考虑未来的商业利益，片面追求短期利益。

（二）我国企业发展循环经济现状的原因分析

1. 国家宏观调控政策不到位

社会生产活动中产生的外部不经济性（环境社会成本）成为循环型生产环节的成本障碍。企业发展循环经济受到制约的一个很重要的原因就是国家对市场的宏观调控政策不到位，使得市场价格不能准确地反映资源的稀缺性，以至企业成本没有包含环境社会成本，无法促使企业将外部不经济性内部化。

具体而言，一是我国的法律体系不够健全。日本发展循环经济已是当今世界的领先水平，参众两院早于 2000 年就开始建立循环经济的法律体系，通过了《循环型社会推进基本法》。此后，在基本法的基础上又陆续推出了一系列如《推进有效（循环）资源利用法》《包装物循环法》《电子、电器商品循环法》《建筑材料循环法》《食品循环法》等，至今已建立了颇具规模的法律体系。而我国于 20 世纪 90 年代开始对资源及环境等相关方面进行立法活动；2009 年才确立循环经济的法律地位，将循环的概念纳入法律体系中，颁布了《中华人民共和国循环经济促进法》；接着，2012 年颁布了《中华人民共和国清洁生产促进法》；最新相关法律是中华人民共和国第十二届全国人民代表大会常务委员会第八次会议于 2014 年 4 月 24 日修订通过的《中华人民共和国环境保护法》。通过对中日循环经济法律体系的比较可以看出，我国循环经济立法体系并不完善。我国是一个发展中的大国，地区之间发展极不平衡，自然条件千差万别，环境问题十分复杂，因此我国循环经济立法只能坚持从实际出发、循序渐进、突出重点、兼顾一般等原则，制定并完善具有中国特色的法律体系，不仅是必要的，也是可行的。其二是税制政策不到位。税收通过对企业的不良行为进行征税，以此调节外部不经济性，鼓励企业进行有利于环境的生产行为，从而扫除发展循环经济的成本障碍。

2. 缺乏与循环经济相适应的成本管理机制

传统线性经济向循环经济的增长方式的转变给企业的生产经营带来了一系列的变化，企业的社会环境成本、技术成本等都成了必要的相关因素，企业原本的传统成本管理模式显然已经无法适应循环经济发展的需要。

首先，表现在成本管理目标的改变上。传统成本管理主要从企业的逐利本性出发，降低成本以获取最大的经济利益。循环经济要求企业增强社会责任意识，利用循环技术等手段，在降低成本获得利润的基础上，还要保证社会的环保效益。在传统的成本管理目标下，企业片面追求自身短期的经济效益，将社会环境效益排除在外，不利于循环经济的发展。其次，表现在成本管理的理念上。传统的成本管理理念主要是寻求成本优势。但是成本的降低是有限度的，一旦到达临界值后，企业甚至可能用产品质量、服务的下降，向外界排放废弃污染物等方式来寻求降低成本的空间，因此"节约"的理念实质上是一种事后控制，背离了循环经济的发展理念。最后，循环经济下成本管理的时间范围也有所扩大。传统的成本管理着重在产品的生产制造阶段。但是在循环经济的源流思想下，企业需要从产品的设计环节就开始进行成本规划，并且要延伸至产品销售后的售后成本、产品废弃后的弃置费用等。特别是一些高污染或高新技术的行业，如若只考虑制造阶段，将严重的扭曲真实的成本信息。可见，囿于生产阶段的成本管理不能适应循环经济的要求。

3. 现行成本管理业绩评价体系构建不科学

循环经济无法顺利在企业开展的另一个重要原因就是无法合理地评价循环经济下的成本管理业绩。首先，循环经济下，非财务指标对企业的发展和战略评估的影响较大，然而现有的成本管理业绩评价体系中的评价指标主要围绕经济绩效来进行设置，一般只考虑企业的短期效益。这种效益中没有将资源的利用效率和环境业绩考核考虑到评价体系中，成本范畴过窄，评价内容不全面。其次，非财务指标的加入使得企业必须实现由纯财务评价向综合评价的过渡，要求更为科学的指标生成方法，然而现行的条件下支持非财务指标有效生成的方法并不多，这在一定程度上也阻碍了循环经济在企业中的推行。现行企业成本管理业绩评价体系上述几个方面的问题容易导致企业只顾追求经济利益的增加，而罔顾企业的社会责任和声誉。

（三）循环经济下企业战略成本管理探究的必要性

1. 循环经济下企业成本管理的新特征

成本是一个企业的核心竞争力，企业作为经济人存在的根本理念就是以最小的代价追求最大的经济利益。然而企业的成本并非一成不变的，因此如何进行科学有效的成本管理总是一个历久弥新的话题。张建梅认为企业的成本异变—选择—保留—异变的过程，其外在刺激因素就是环境，因此在发展循环经济大背景下，企业的成本管理也显现了一些新的特征。

（1）全面性

循环经济要求企业将资源环境要素纳入企业的生产经营活动中去，将成本置于整个社会环境中考量，企业势必产生大量的成本如资源环境成本、科技研发成本、人力资源成本等，这大大扩宽了成本管理的范围。其次引入全生命周期成本理念，将循环经济理念贯彻每个生产经营的环节。具体而言，企业在产品的研发设计阶段就开始结合市场信息和顾客需求考虑产品的定价，综合产品的整个生命周期可能发生的成本（特别环境成本），包括研发、制造、售后等各阶段，对产品进行全面的成本控制。

综上，循环经济下的企业成本管理范围更加广，周期更长，企业对成本管理必须更加全面，才能使资源环境成本内部化，正确反映循环经济下企业的成本。

（2）外部性

循环经济的目标是环境效益、社会效益与企业效益的三位一体，因此循环经济下企业不能再只重视企业内部的成本管理，还应该重视与企业密切相关的上下游企业、竞争对手等成本信息进行分析，以为企业的战略分析定位等决策服务。特别是在循环经济下，企业应该特别关注能够与自身产生技术或者产品衔接的企业，使自己单位生产出的废物能够成为别的企业的原料，实现企业间的循环。这样不仅有可能节省企业对于废弃物的处置费用，甚至因为企业间的协同合作而产生新的降低成本的空间，为企业创造更大的成本优势。这体现了循环经济下企业成本管理的外部性。

（3）战略性

卡普兰和诺顿提出建立战略中心型组织，强调了战略对于一个企业发展的重要性，而有效的成本管理则是战略成功实施的关键因素。其一，战略的定位分析需要大量的成本信息来支持；其二，企业依靠成本优势来为战略的实施获取持续性的竞争优势。因此，发展循环经济的企业必须从战略的高度上整体把握企业的成本管理，旨在节约成本，获取成本竞争优势的同时，能够保护生态资源，实现生态效益与企业效益的共赢。

2. 循环经济下企业战略成本管理的提出

首先，战略成本管理的目标就是为企业获取长期竞争优势，促使企业的可持续发展。而循环经济也是利用"资源—废物—资源"的模式对所有物质及能源进行不断循环再利用，为传统经济向可持续发展经济提供战略性的理论范式。由此看来，循环经济理念与战略成本管理理念不谋而合。其次，战略成本主要利用价值链等分析工具，将企业的外部环境与内部环境结合，既要分析企业内部成本信息，也要分析行业和竞争对手的成本信息，这也切合循环经济下企业成本管理的外部性的新特性。最后，发展循环经济不仅是国家的战略，也是企业的战略，通过战略成本管理对各种战略成本动因进行分析，优化企业成本结构，获取长期竞争优势。基于上述分析，本书认为对循环经济下的企业战略成本管理进行研究是合理且可行的。

## 二、循环经济视角下企业战略成本管理

（一）明确循环经济下企业战略成本管理的目标和原则

1. 目标

企业是我国国民经济的活性细胞，要促使企业自动且良好地发展循环经济，必须扫除企业的成本障碍，平衡好循环经济理念引入后企业的成本与收益的配比关系。因此，本书从战略的角度对循环经济下企业成本管理进行研究。然而，目标是一个战略的核心，明确目标是实行循环经济下战略成本管理的前提和基础。正确的目标可以为企业的运行提供方向，也是企业期望的具体化。战略成本管理目标并不是单一的，而是多层次的。我们将从战略层、财务层、成本管理层三个层次对循环经济下企业战略成本管理的目标进行探讨。

（1）战略层面

在全球致力发展循环经济的大环境中，企业的生存与发展取决于竞争战略的正确性及执行的有效性。企业设计成本管理系统的指导思想应当是有效地实现竞争战略，设计的成本管理系统应体现出竞争战略的指导作用。通常企业为实现某种竞争战略会使用多种成本管理方法，在不同的方法组合下，其为企业带来的效益也不尽相同。当前企业的竞争战略就是要发展循环经济，以此战略为中心设计企业成本管理模式，实现企业、社会与环境的可持续发展。

（2）财务层面

战略层面的战略成本管理目标离不开财务管理目标的支持，财务层面的目标主要是为了战略层面而服务的，因此这两个层面通常具有一致性。传统经济下，财务层面的目标通常有追求利润最大化、每股权益最大化、股东财富最大化、企业价值最大化，这些目标主要定位于企业内部范围内。但是在循环经济下，财务层面的目标必须将社会效益和生态环境效益纳入其中，超越企业自身的狭隘，将外部成本内部化。

（3）成本管理层面

本书主要讨论循环经济下的企业战略成本管理，其最终落脚点应该是成本管理的层面。首先，对于以盈利为生存之本的企业而言，通过战略成本管理进行成本动因的分析降低成本，获取利润是根本目标。其次，企业通过有效的成本管理得出一系列的成本信息，然后根据这些信息进行战略决策。因此，成本管理层面的目标应该是为企业的战略决策提供全面有效的成本信息，获取成本竞争优势。

2. 原则

企业在发展循环经济的理念下必须把控各种资源，从经济活动的源头开始注意资源的节约与再利用，使得有限的资源在这个经济活动中不断循环。战略成本管理则要求企业跳出生产环节，从成本发生时的初始环节、条件入手，降低成本，提高利润。由此看来，循环经济理念与战略成本管理理念有其相似之处，即都具有"源流"思想。因此，笔者以 3R 原则作为循环经济下企业战略成本管理的原则有其合理之处。

（1）减量化原则

减量化原则是指企业在产品的生产设计过程中用较少的资源投入来达到既定的生产目的，从生产运营的初始环节就开始注意降低资源利用与环境污染。减量化原则要求企业在进行战略成本管理时考虑资源运用的约束条件，常常表现为要求生产的产品小型化和轻型化以及在外包装的设计上的策略，从而减少废物排放。

（2）再利用原则

再利用原则，要求产品或包装能够以初始的形式被反复使用，减少资源的消耗，因此企业在战略成本管理时应该重视资源的使用方式及生命周期。例如可以将某种产品的包装物设计成一种日常生活用品，使顾客在购买产品后不会随意丢弃包装物，而是将其用于收纳或装饰等用途。其次，企业还应当致力于提高产品质量，延长产品的生命周期。

（3）再循环原则

再循环原则，指产品在被第一次利用完毕后能够被重新加以利用，而非废弃。战略成本管理中引入循环经济的思想时必须重视资源的再更新使用。具体而言，其一是原级再循环，即产品以其最初的形态再生同种产品，例如报纸再生报纸等；另一种是次级再循环，即将废物转化为其他产品的原料。通过上述两种途径，企业可以实现纵向整合，是整个产业链上的互惠共赢。

（二）规范循环经济下企业战略成本管理的实施步骤

1. 循环经济下企业战略成本管理实施模式

第一种桑克模式，主要由价值链分析、成本动因分析及战略定位分析三部分构成。其过程主要是通过行业、企业内部和竞争对手三个层次的价值链分析，结合企业战略定位分析，确定企业的战略。其次通过分析企业的成本动因，从战略上发现创造价值的环节，帮助企业寻求降低成本的战略途径，从而促使企业战略目标的实现。上述三个部分相辅相成，形成了一个密不可分的逻辑性整体，相对其他管理模式而言，更为系统和完善，成为战略成本管理中应用最广的理论框架。

第二种是克兰菲尔德模式，该模式是将战略成本管理作为分析企业竞争地位的工具，综合考虑财务、战略及作业等因素，利用价值链、作业成本等工具来解决相应问题。该模式与桑克模式最大的区别在于，克兰菲尔德并不认为战略成本管理是一个系统化的管理，他认为这应该是一个战术性的随机应变式的管理过程。

第三种是罗宾·库珀模式，此种模式的主要目的是通过战略成本管理获取成本优势并且提高竞争地位。他主张以作业成本法为核心，将战略成本管理的思想贯穿于企业经营中的各个环节。将作业成本法作为主要工具，用以检测及发现企业增加价值的战略机会。

第四种是布洛克模式，该模式提出战略成本管理应由战略定位、价值链分析及平衡计分卡三部分组成，强调了战略考核评价在战略成本管理中的应用。首先企业运用战略定位分析来确定发展战略。在第一步确定的战略的基础上，运用价值链分析工具将战略细化分解到各个作业当中，并辨别有效作业及无效作业，以帮助企业更好的理解战略。最后利用平衡计分卡对实施的过程及结果进行评价，并为企业战略的持续评估提供基础。

第五种是夏宽云模式，夏宽云教授认为，企业应该根据自身的内外部环境的变化，从价值链的角度对成本信息进行分析并反馈给管理者，管理者据此再对战略目标及实施等进行修正与完善，以适应不断变化的外部环境。此种模式主要包括四个方面：价值链分析、战略定位、战略成本动因分析及战略业绩评价。管理者首先通过价值链分析确定企业战略定位，进行规划，其次在战略的实施与控制的环节对成本动因进行识别与控制，及时反馈信息并对战略进行重新定位调整。最后进行战略业绩评价，重点关注与规划目标的偏差，从而对战略进行再修正。

夏宽云模式实际上就是在桑克模式与布洛克模式结合的基础上加入循环的概念，来体现各分析工具间相互交织的过程。由于实践中，企业的战略成本管理不可能是单向的，其必然是一个分析、定位、实施、评价、再定位等一个循环的过程。因此，笔者认为，相较于前几种模式，夏宽云模式更加完善科学，逻辑清晰，可操作性强，故笔者拟在引入循环经济理念的基础上采用夏教授的战略成本管理模式作为循环经济下企业战略成本管理的实施步骤。

2. 循环经济下企业成本信息的收集与分析

价值链分析工具最早由波特在《竞争优势》中提出，是战略成本管理中的核心分析工具之一。波特认为企业是种种生产活动的集合体，所有这些活动可以用一个价值链来表明。企业的价值链活动，在创造有价值的产品的同时也担负着各项价值链活动所产生的成本。因此，企业可以通过分析价值链，收集相关成本信息，从而识别出企业生产经营活动中真正为企业创造价值的增值环节。

循环经济下物资资源可以创造更高价值的本质在于通过多次生产过程，实现循环再利用。但是，实践证明，物质的循环必须建立在合理机制之上。企业的种种生产运营活动背后的推动力都来自利益的刺激，这种利益的刺激背后是价值的分配。因此，价值链条可以拉动物质单元在经济系统内畅通循环，是循环经济有效运行的保障。循环经济产业之间存在合作的收益空间，这种收益空间就是循环经济价值链的价值基础。但在循环经济发展模式下，企业的价值链有了新的特性。首先，企业价值链延长化。传统经济下的价值链仅仅关注企业内部的各个产生价值的作业环节，但在循环经济下企业内部价值链只是社会中的一小部分。只有将环境、社会等因素纳入企业价值链中，将价值链向行业价值链、社会价值链扩展，才能满足循环经济发展的需要。其次，企业价值链闭合化。循环经济在绿色的概念下增加了废物的再利用环节，使得企业资源物质形成价值流的循环圈。这个价值流循环圈不仅反映在其内部的相关枝节中，更突出地反映在外循环价值链中，从而构成了社会经济整体化的循环发展。

3. 循环经济下企业战略成本管理的规划与制定

通过对企业循环经济下的价值链分析及成本动因分析，可以明晰企业的内外部资源情况。在此基础上，企业必须进行正确的战略定位，结合收集到的成本信息，将战略的思维运用到成本管理上，获取核心竞争优势。常用的分析工具主要有 PEST 分析、SWOT 分析等。

PEST 主要用于分析企业外部宏观环境，判断外部环境对企业发展循环经济的影响。此种分析工具主要将企业所处外部环境按照政治（Politics）、经济（Economics）、社会（Society）以及技术（Technology）四个方面对企业的影响进行分析，帮助企业正确进行战略定位。

SWOT 分析法主要是从企业面对的外部机会与挑战，企业内部的优势与劣势四个方面进行比较与组合，具体如表 8.1 所示。

表 8.1　SWOT 分析

| SWOT | 企业优势（S） | 企业劣势（W） |
| --- | --- | --- |
| 市场机会（O） | 发展型 | 防御型 |
| 市场威胁（P） | 分散型 | 撤退型 |

上表中发展型是最优的战略，企业不仅拥有自身的优势，在市场上也具有大量的机会，此时企业可以选择充分利用优势，与外部机会相结合，激流勇进。企业虽然自身发展良好，但是面临的外部竞争、威胁相对较多时，就应当采取分散型战略。此时企业应保持并加强自身的优势，降低外部威胁，同时要寻找新的市场机会、研发新的产品，努力将劣势转化为优势。防御型战略指企业应当想办法注意利用外部的市场机会，以弥补自身的弱势。当企业内部劣势遇到外部威胁时表明企业的经营与发展遭遇到了严重的障碍，此时企业应当采取撤退型战略，其一是适当减少现有产品的投入生产，其二是进行产品革新，淘汰旧产品，换取新的市场机会。

企业通过 SWOT 分析法可以将资源与策略聚集在自身强项和最佳的市场机会中，从而精准地进行战略定位，获取长期的竞争优势。鉴于 SWOT 分析法更加具有综合性，本书主要采用 SWOT 分析法。

4. 循环经济下企业战略成本管理的实施与控制

企业的成本受到多重因素的影响，除了直接作用于产品生成的因素外，还有许多通过影响各个生产环节来影响生产资源的消耗，促使企业成本变化的因素。这些因素却是成本发生变革的根本原因，是企业改进成本管理模式的出发点，如通过零库存生产方式提高生产经营的灵活性以应对新环境、通过全面质量管理提升产品质量，获取差异化优势等。但是，这些因素往往容易被忽略，这就要求我们寻找成本发生的因果关系，分析出成本发生的驱动因素，即成本动因。

产量通常被传统的成本管理作为驱动成本的唯一动因，然而研究表明，非直接作用的成本动因占成本构成的85%，这些动因从成本发生的源头进行控制和管理，即战略性成本动因。主要分为两类：结构性成本动因和执行性成本动因。结构性成本动因是决定企业成本的基础性动因，例如企业规模、业务范围、经验、技术和厂址的选择。随企业规模的扩大、业务范围向上游及下游的延伸、熟练的员工和丰富的产品都可以为企业带来成本降低的效果。该类动因通常形成于企业开始运营生产之前，需要较长的决策过程，并且一般难以随意变动。执行性成本动因主要是在执行作业程序相关过程中反映企业对资源的运用，包括凝聚力、全面质量管理、生产运用能力、产品结构等，是对结构性成本动因的进一步推进和落实。

5. 循环经济下企业战略成本管理业绩评价

科学地对企业成本管理进行业绩评价，可以有效地判断企业的战略目标是否合理，企业的战略成本管理方法是否得当，还能为管理者提供可靠、相关的成本信息，为他们的战略决策提供信息依据。业绩评价实质上并不是整个循环经济下战略成本管理实施步骤中的最后一个环节，而是贯穿于每个环节，企业据此评价的结果对整个生产经营中的战略成本管理活动不断地进行修正、完善，形成一个良性循环。在各种评价方法中，平衡计分卡由于其独特的评价体系成了大多数战略型企业的首选。它强调企业的战略与绩效管理之间的关系，并提升了非财务指标在业绩评价中的比重，可以全方位地对企业进行评价。然而，传统的平衡计分卡业绩评价关注于企业的经济效益，难以满足循环经济的需要。因此，笔者根据循环经济的特有特性，在传统平衡计分卡的基础上，增加了一个循环经济维度。分别将反映循环经济的评价指标与原有四个维度相结合，以全面而有效地评价循环经济下企业战略成本管理实施的成果。

（三）完善循环经济下企业战略成本管理实施的保障措施

1. 积极开展企业科学技术创新工作

企业发展循环经济是一项系统工程，宏观上表现为外部环境形成资源再生关系；中观层面主要是尽可能调准产业结构，延长产业链，建立起共生链；而微观层面上的循环，也就是生产线内部的循环是企业发展循环经济的基础环节。企业要想发展循环经济，必须提高科技创新能力，落实循环经济的指引力量。先进的科技主要表现为从生产线的基础环节中寻找资源可循环利用的突破口，即传统意义上的废物利用技术，从设计、生产环节开始对资源进行控制，利用该技术实现少废物和少废物生产。

2. 全力打造企业循环经济文化理念

循环经济是国家大力推行的一项宏观政策，要想将该政策具体到个体企业中，依旧存在着一定的困难。在传统经济的发展下，企业的管控活动的重点在于企业利润最大化。然而在循环经济发展的理念下，企业在追求自身利益的同时不仅要分析利润成本的配比，同时还要分析其环境承受力，将社会及环境等因素纳入企业生产经营活动中，注重企业与社会一体的和谐发展。因此，企业必须将循环经济理念贯穿于整个生产经营活动中，全力打造循环经济文化，调动员工整体参与的积极性。

3. 大力加强企业循环经济宏观引导

发展企业循环经济不仅要靠自身的技术创新来进行成本革新，以适应内部循环和外在的产业链，同时还要确保国家对其扶持。政府应鼓励企业将循环经济的理念贯穿于整个经营活动中，激励企业开展各种促进循环经济发展的活动，实现由企业带动产业、产业带动社会的共同发展。同时，还应鼓励企业积极进行环保科技创新，加大财政支持力度，提高财政预算。国家金融机构可以面向循环型企业实行金融优惠政策，放宽该类企业的贷款条件，支持企业开发符合环境法和绿色标准的产品和服务。我国政府应当借鉴国外发展循环经济的经验，对配合政府发展循环经济的企业，制定并实施促进循环经济的各项优惠政策，构建企业循环经济政策体系。

# 第二节　企业绩效评价理论与方法

企业绩效评价是对企业在一定期间运行的效率、效果及经营管理人员业绩所进行的评价，科学的绩效评价体系有利于及时发现和有效解决企业管理过程中出现的问题，协调企业发展过程中的长短期目标，平衡利益相关者之间的利益，实现对经营管理人员的有效激励，从而有效促进企业及其与环境之间的协调发展。

## 一、企业绩效评价的相关理论

企业绩效评价的理论成果包括信息论、行为科学、控制论、管理理论、制度经济学、系统论等，以下主要介绍信息论、行为科学、控制论。

（一）信息论

企业绩效评价以信息论为基本的应用条件。会计是一个信息系统，随着社会的发展，人们对会计信息的认识逐渐趋同，认为会计信息是一种广义的信息，它包括以货币指标体现的财务信息、非货币化的和非数量化的说明信息、其他用于

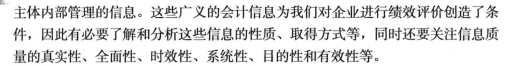

主体内部管理的信息。这些广义的会计信息为我们对企业进行绩效评价创造了条件，因此有必要了解和分析这些信息的性质、取得方式等，同时还要关注信息质量的真实性、全面性、时效性、系统性、目的性和有效性等。

（二）行为科学

企业绩效评价可以引导组织行为。行为科学主要研究人产生各种行为的主观动机和客观原因并揭示其规律性，简单地说，即人际关系。企业绩效评价是对组织及其内部不同层次的劳动成果的总体评价，它本身对组织行为起引导作用，通常采用的方法是责任会计方法。通过核算得出每个责任中心的经营成果，并且利用一系列的考核指标对此进行分析评价，然后，对企业及各个组织层次进行绩效评价后根据目标的实现情况确定员工应得的报酬，这样可以很好地激发员工的群体协作精神，同时对群体中的落后者产生压力，迫使其积极工作。

（三）控制论

企业绩效评价是控制论在组织管理活动中的具体运用。控制论为企业绩效评价提供了基本方法，即将反映绩效的信息与标准或预算相比较，根据产生偏差的性质和程度进行绩效评价，同时对企业各层次的行为施加影响。正是在控制论的指导下才演绎出企业绩效评价的一系列方法和程序，如进行绩效评价要针对各项指标制订标准，要将实际值与标准值比较，计算差异。

## 二、绩效评价系统的构成要素

（一）评价主体

评价主体，即谁评价。它可以从狭义和广义两方面理解，前者又称为评价组织机构，是评价行为的组织发动者；后者泛指包括利用已有评价结果的所有单位和个人。

（二）评价客体

评价客体，即评价什么。它包括被评价企业和企业经营者两个方面，但这两方面内容不能分开，评价客体是一个变动的范畴，客体是由评价主体根据需要确定的，是与主体相对应的矛盾的另一方。如何评价将要根据客体的特性决定。

（三）评价目标

评价目标，即为何评价。由于评价活动是一种有目的的行为，它直接与主体的需求相关，是整个评价活动的灵魂，只有在评价目的明确的前提下，才可能有针对性地开展评价活动，因此它也是系统设计的指南。

（四）评价原则

评价原则是评价工作所依据的规则、制度、法则，它体现着事物之间内在的必然联系，它是人们长期实践经验的总结，具有普遍适用性。因此要使评价工作取得良好的效果必须遵守评价原则。目前各界公认的原则主要有客观、公正性原则，科学性、全面性相结合的原则，相对性与系统性相结合的原则，定量与定性相结合的原则，可比性和可操作性相结合的原则，动态和静态相结合的原则。

（五）评价指标

企业绩效评价指标是企业某种特征的描述，它包括定性指标和定量指标两个方面。由于单个评价指标只能表现企业的某一特征或某个特征的某一个侧面，通常运用由多个指标组成的指标体系对企业进行绩效评价。

（六）评价标准

评价标准是进行分析评判的依据。某项指标的具体评价标准是在一定的前提条件下产生，并且随环境变化而变化的。目前常见的评价标准有预算标准、历史水平、行业平均值、竞争对手情况等。在工作中具体应选择什么标准要依据客体特点及主体目的而定。

（七）评价方法

评价方法可以做多种分类。根据评价指标的计量基础不同又分为会计计量基础评价指标、市场计量基础评价指标和经济计量基础评价指标等；从评价依据的指标个数上看有单指标评价方法和多指标综合评价方法，其中在综合分析中运用较广泛的有杜邦财务分析体系和沃尔比重评分法。

（八）评价报告

评价报告是系统的输出信息，也是系统的结论性文件，其内容一般包括评价主体、评价客体、执行机构采用的系统、数据资料来源、评价标准、评价责任等。另外需要根据实际情况还应包括一些特殊信息。以上各部分有机相连，主体与客体都是相对而言的，目标是评价主体的目标，评价指标、评价标准、评价方法是依据主体的需要和客体的特性设立的，评价报告是其最终成果。

## 三、现有主要企业绩效评价方法

### （一）以财务指标为核心的财务评价

传统的企业绩效评价，多以财务指标为核心，属于财务评价。最具有代表性的以财务指标为核心的绩效评价理论与方法主要有杜邦的综合财务指标绩效评价体系（以下简称杜邦评价体系）和沃尔的七指标绩效评价体系（以下简称沃尔评价体系）。

1. 杜邦评价体系

杜邦评价体系是利用各项财务指标间的内在关系对企业综合经营理财及经济效益进行系统分析评价的方法。因其最初由美国杜邦公司创立并运用成功而得名。各种主要财务比率间的关系具体用公式表述为：股东权益报酬率＝总资产净利率 × 权益乘数 = 销售净利率 × 总资产周转率 × 权益乘数

2. 沃尔评价体系

这种方法首先计算各项财务指标的分数，再汇总，通过分析行业标准分值进行对比来评价企业。其产生原因是在人们进行财务分析评价时遇到一个主要困难：在计算出财务比率之后无法判断它是偏高还是偏低，与企业的历史比较也只能看出自身的变化，却难以评价其在市场竞争中的优劣。解决这一问题的最终成果就是沃尔分析法。它选择七项比率用线型关系结合起来，并分别给定各自的分数比重，然后通过与标准值进行比较，确定各项指标的得分及总体指标的累积分数，从而对企业的信用水平做出评价。

### （二）以价值指标为核心的价值评价

随着经济的发展，企业规模的扩大，管理水平的提高，以及伴随着利益相关者对企业绩效越来越多的关注，传统的单纯以财务指标作为企业绩效评价指标已不能满足绩效评价的需要，相应的价值指标被提了出来。最具有代表性的以价值指标为核心的绩效评价理论是斯特恩的经济增加值（EVA）。

经济增加值（EVA）：它指公司经过调整的营业净利润（NOPAT）减去该公司现有资产经济价值的机会成本后的余额。

### （三）以财务指标与非财务指标相结合的综合评价

20世纪末企业处于转型之中，工业时代的竞争转变为信息时代的竞争。信息时代的竞争使工业时代竞争中的许多假设变得过时。单纯依靠出色的管理财务已不能使企业获得持久的竞争力。与此同时，一味地采用财务指标来衡量企业绩效的做法也饱受批评，在这样的背景下诞生了以财务指标与非财务指标相结合的综合绩效评价理论——卡普兰和诺顿的平衡计分卡。

平衡计分卡（BSC）：它是从财务、顾客、内部业务、学习和创新四个角度观察企业，包含财务与非财务指标，是一种基于战略的业绩评价方法。

## 四、基于循环经济企业绩效评价方法

### （一）现有企业绩效评价方法的不足

循环经济作为一种发展模式强调的是在生产活动之初尽可能少地投入自然资源，生产活动之中尽可能少地消耗自然资源，生产活动之末尽可能少地排放生产废弃物，以达到对自然资源的节约和生态环境的保护，实现人类社会的可持续发展。发展循环经济需要政府、企业、社会公众的共同努力，尤其是直接消耗自然资源进行生产活动并排放生产废弃物的制造企业，其经营发展模式，直接影响循环经济的发展。所以，评价企业经营绩效的大小，不仅要考虑企业的经济效益和创新发展能力，而且要真实、客观、公正地评价企业实行循环经济的经营成果。

现有的传统企业绩效评价方法过于偏重财务指标。财务数据虽然能反映企业的经营成果，但却不能预测企业的未来，导致企业只顾眼前利益，产生短期经营行为。而企业只有发展循环经济，才能获得长远的经济效益和良好的社会效益，才能在未来的市场竞争中立于不败之地，可是现有的传统理论没有考核企业发展循环经济成果的指标，不利于企业的长远发展。

平衡计分卡通过建立一套综合的财务和非财务状况的指标体系，对企业的经营绩效进行全面、系统的评价，它打破了传统绩效评价体系中财务指标一统天下的局面，兼顾了企业的短期利益和长期发展，但是，平衡计分卡也有不足之处，主要表现在：一是有些指标难以量化，如员工满意程度、员工受激励程度等，影响了指标体系的操作性和实用性；二是平衡计分卡的实施是一项复杂的系统工程，不仅需要大量人力、财力和物力的投入，而且要求企业管理水平达到一定程度，这样就使一些企业，尤其是中小企业难以接受，限制了平衡计分卡的推广和应用；三是同样没有考虑企业实行循环经济的成果。

因此，现阶段有必要建立指标可以量化的、具有操作性的基于循环经济的企业绩效评价方法。

### （二）基于循环经济的企业绩效评价方法的基本思路

绩效评价方法是由若干个有一定联系的指标及理论所构成的整体，用来反映一定的社会经济要素。这套方法，首先，要遵守科学性的原则，指标的概念准确、内涵和外延清楚、计算方法科学；其次，要具有可操作性，各项指标要容易计算出来；最后，指标体系应具有针对性，能够准确全面地反映其研究对象。面向以资源节约和环境保护为主要特征的循环经济的企业绩效评价方法应包含哪些指标呢？企业是营利性的经济组织，第一，指标体系要反映企业的经济效益以及企业对社会的贡献，包括企业利润、产品销售、资产负债、上缴纳税等方面的指标。第二，从长远来说，企业必须不断创新使其具有可持续发展能力。所以，指标体系中还应包括发展创新指标，如资本积累、利润增长等。第三，企业以自身的盈利为第一目标并无可厚非，但企业绝不能以牺牲自身的长远利益甚至人类赖以生存的自然环境为代价换取短期的经济利益。为此，衡量企业绩效大小必须有环保指标，包括环保投资、排放达标等。第四，自然资源和工业能源是企业生产的物质基础，但企业应该有节制地开发自然资源，合理利用工业能源，并在生产过程中尽可能减少自然资源和工业能源的消耗，特别是一些不可再生的自然资源和紧缺的工业能源。自然资源和工业能源的节约，不仅可以造福子孙后代，产生良好的社会效益，而且可以降低企业的生产成本，提高企业的经济效益。不容置疑，自然资源和能源消耗指标也应纳入企业绩效评价指标体系之中。同时，当今社会，废弃物对环境的污染已经成为亟待解决的社会问题之一，作为企业应该在不断改进生产工艺、采用环保材料、更多地生产绿色产品的同时，责无旁贷地承担起废弃物回收利用的任务。

综上所述，适应循环经济的企业绩效评价指标体系应该包括经济效益指标、创新发展指标、环保指标、资源和能源消耗指标、回收利用指标等方面。该指标体系弥补了传统绩效评价体系和平衡计分卡的不足，体现了循环经济的特点，同时所有指标都可以量化，有很强的操作性和实用性。

# 第九章　循环经济战略意义与途径研究

国际经验表明，从低收入国家步入中低收入国家行列的阶段，对任何国家的成长来说都是一个极为重要的历史阶段，它既是一个"黄金发展时期"，又是一个"矛盾凸显时期"。特别是随着经济快速增长和人口不断增加，水、土地、能源、矿产等资源不足的矛盾会越来越突出，生态建设和环境保护的形势日益严峻。面对这种情况，按照科学发展观的要求，大力发展循环经济，加快建立资源节约型社会，就显得尤为重要、尤为迫切。

## 第一节　发展循环经济战略意义

### 一、发展循环经济是缓解资源约束矛盾的根本出路

我国资源禀赋较差，虽然总量较大，但人均占有量少。国内资源供给不足，重要资源对外依存度不断上升。一些主要矿产资源的开采难度越来越大，开采成本增加，供给形势相当严峻。改革开放以来，我们用能源消费翻一番支撑了 GDP 翻两番。到 2020 年，要再实现 GDP 翻两番，即便是按能源再翻一番考虑，保障能源供给也有很大的困难。如果继续沿袭传统的发展模式，以资源的大量消耗实现工业化和现代化，是难以为继的。我国人口众多，资源短缺，环境容量有限，这已经成为经济发展的制约因素，传统经济的发展模式难以为继，只能另辟蹊径。我国比世界上任何一个国家更需要探索新的发展战略，寻求新的发展模式。研究表明，如果采取强化节能的措施，大幅度提高能源利用效率，到 2020 年使万元 GDP 能耗由 2002 年的 2.68 吨标准煤降低到 1.54 吨标准煤，那么能源消费总量就能控制在 30 亿吨标准煤；再生铝比重如果能从目前的 21% 左右提高到 60%，就可替代 3640 万吨的铝矿石需求。为了减轻经济增长对资源供给的压力，必须大力发展循环经济，实现资源的高效利用和循环利用。人与资源、人与环境的矛盾比较突出。我国是世界上人口最多的发展中国家。我国国土面积广大，但自然生态环境较为脆弱。大多数经济上不发达的地区都处于生态脆弱地

带。人均资源拥有量比较低是我国在资源方面最为主要的特征。

以能源为例，我国的能源储量与未来几十年的发展需求之间已经存在一个巨大的缺口，而且这个缺口将越来越大。我国资源相对匮乏，经济增长需求量大，呈现紧张态势。经济腾飞，需要有大量的资源作支撑。而我国资源的供给量与经济发展需求之间存在巨大的缺口。我们不能像少数发达国家那样奢侈地消费地球上的资源，也不能因为面临资源问题而影响我国实现现代化的目标。因此，构建我国循环经济发展模式可以缓解资源制约，是实现全面建设小康社会目标的战略选择。

## 二、发展循环经济是从根本上减轻环境污染的有效途径

当前，我国生态环境总体恶化的趋势尚未得到根本扭转，环境污染状况日益严重。水环境每况愈下，大气环境不容乐观，固体废物污染日益突出，城市生活垃圾无害化处理率低、农村环境问题严重。大量事实表明，水、大气、固体废弃物污染的大量产生，与资源利用水平密切相关，同粗放型经济增长方式存在内在联系。改革开放以来我国经济实现了高速增长，同时也严重地污染了我们身边的环境。环境污染损害着我们的身体健康，降低了我们的生活质量。环境污染不但损害着当代人的健康，同时还会对后代人的健康构成直接或间接的威胁。为了给我们自己和我们后代的身体健康营造一个美好的环境，我们需要发展循环经济。据测算，我国能源利用率若能达到世界先进水平，每年可减少二氧化硫排放 400 万吨左右；固体废弃物综合利用率若提高 1 个百分点，每年就可减少约 1 000 万吨废弃物的排放；粉煤灰综合利用率若能提高 20 个百分点，就可以减少排放近 4 000 万吨，这将使环境质量得到极大改善。大力发展循环经济，推行清洁生产，可将经济社会活动对自然资源的需求和生态环境的影响降低到最低程度，从根本上解决经济发展与环境保护之间的矛盾。

## 三、发展循环经济是提高经济效益的重要措施

目前我国资源利用效率与国际先进水平相比仍然较低，突出表现在资源产出率低、资源利用效率低、资源综合利用水平低、再生资源回收和循环利用率低。我国资源利用率与世界先进水平仍有较大差距。实践证明，较低的资源利用水平，已经成为企业降低生产成本、提高经济效益和竞争力的重要障碍；大力发展循环经济，提高资源的利用效率，增强国际竞争力，已经成为我们面临的一项重要而紧迫的任务。

发展循环经济，企业从源头减少废物，使废物在生产过程中得到循环利用，这样既可以节约资源，在能源和资源消耗相对较少的基础上发展生产，又可以减

轻环境污染，降低污染治理成本，增强企业竞争力。

近些年来，环境竞争力在国际上日益受到重视。国际标准化组织专门制定了环境管理标准 ISO14000 体系，把环境因素纳入产品的质量管理之中，要求进行环境管理的产品从食品、服装、日化产品、机电产品到医药产品等，无所不包，只有达到环境标准的产品才允许进入市场。由于世界贸易组织规定，不得采用关税和其他行政措施来限制进口，于是各国纷纷寻找技术壁垒，充分应用环保标准，他们往往借环境保护之名，而行贸易保护之实，在国际贸易中形成新的贸易壁垒——"绿色壁垒"。目前，各国竞相制订越来越复杂的环保技术标准，制造"绿色壁垒"。"绿色壁垒"成为我国扩大出口面临最多也是最难突破的问题，是企业走向世界的一个主要阻力。为了克服绿色壁垒，我们必须改变传统的生产模式，积极地发展循环经济，树立和保持企业自身的环保形象；研究建立我国企业和产品进入国际市场的"绿色通行证"，包括能源效率标识制度、节能产品认证、包装物强制回收利用制度，并建立相应的国际互认体系。发展循环经济，推动企业技术进步，用比较少的资源和环境污染，生产出更多的符合人们需求的物质产品，可以使企业在获得更大的经济效益的同时保持良好的绿色企业形象。因此，发展循环经济是增强企业竞争力的现实选择。

在经济全球化的发展过程中，关税壁垒作用日趋削弱，包括"绿色壁垒"在内的非关税壁垒日益凸显。近几年，一些发达国家在资源环境方面，不仅要求末端产品符合环保要求，而且规定从产品的研制、开发、生产到包装、运输、使用、循环利用等各环节都要符合环保要求，对我国发展对外贸易特别是扩大出口产生了日益严重的影响。我们要高度重视，积极应对，尤其是要全面推进清洁生产，大力发展循环经济，逐步使我国产品符合资源、环保等方面的国际标准。

## 第二节　我国发展循环经济的途径

发展循环经济，要坚持以科学发展观为指导，以优化资源利用方式为核心，以提高资源生产率和降低废弃物排放为目标，以技术创新和制度创新为动力，采取切实有效的措施，动员各方面力量，积极加以推进。

### 一、转变观念，搞好规划，调整结构

加快发展循环经济，必须摒弃传统的发展思维和发展模式，把发展观统一到党的十六届三中全会提出的坚持以人为本，全面协调可持续的科学发展观上来，在发展思路上彻底改变重开发、轻节约，重速度、轻效益，重外延发展、轻内涵发展，片面追求 GDP 增长、忽视资源和环境的倾向。

要把发展循环经济作为编制"十一五"规划的重要指导原则，用循环经济理念指导编制各类规划。加强对发展循环经济的专题研究，加快节能、节水、资源综合利用、再生资源回收利用等循环经济发展重点领域专项规划的编制工作。建立科学的循环经济评价指标体系，研究提出国家发展循环经济战略目标及分阶段推进计划。

加快发展低耗能、低排放的第三产业和高新技术产业，用高新技术和先进适用技术改造传统产业，淘汰落后工艺、技术和设备。严格限制高耗能、高耗水、高污染和浪费资源的产业，以及开发区的盲目发展。用循环经济理念指导区域发展、产业转型和老工业基地改造，促进区域产业布局合理调整。开发区要按循环经济模式规划、建设和改造，充分发挥产业集聚和工业生态效应，围绕核心资源发展相关产业，形成资源循环利用的产业链。

## 二、健全法制，完善政策，加强领导，强化管理

研究建立完善的循环经济法规体系。当前要抓紧制定《资源综合利用条例》《废旧家电及电子产品回收处理管理条例》《废旧轮胎回收利用管理条例》《包装物回收利用管理办法》等发展循环经济的专项法规。加快制订用能设备能效标准、重点用水行业取水定额标准、主要耗能行业节能设计规范以及强制性能效标识和再利用品标识等发展循环经济的标准规范。加大执法监督检查的力度，逐步将循环经济发展工作纳入法制化轨道。

通过深化改革，形成有利于促进循环经济发展的体制条件和政策环境，建立自觉节约资源和保护环境的机制。结合投资体制改革，调整和落实投资政策，加大对循环经济发展的资金支持；进一步深化价格改革，研究并落实促进循环经济发展的价格和收费政策；完善财税政策，加大对循环经济发展的支持力度；继续深化企业改革，研究制定有利于企业建立符合循环经济要求的生态工业网络的经济政策。

各地区、各有关部门要加强对循环经济发展工作的组织领导，确定专门机构和专人负责，做到层层有责任，逐级抓落实。要加快研究制订循环经济发展的推进计划和实施方案，加强部门间的合作，建立有效的协调工作机制，扎扎实实地推进循环经济发展。

加强企业资源环境管理是发展循环经济的基础。企业要建立健全资源节约管理制度，加强资源消耗定额管理、生产成本管理和全面质量管理，建立车间、班组岗位责任制，完善计量、统计核算制度，加强物料平衡。建立有效的激励和约束机制，完善各项考核制度，坚持节奖超罚，调动职工节约降耗、综合利用和实施清洁生产的积极性，加强环境管理体系建设。

### 三、依靠科技，示范推广，宣传教育

重点组织开发和示范有普遍推广意义的资源节约和替代技术、能量梯级利用技术、延长产业链和相关产业链接技术、"零排放"技术、有毒有害原材料替代技术、回收处理技术、绿色再制造等技术，努力突破制约循环经济发展的技术瓶颈。积极支持建立循环经济信息系统和技术咨询服务体系，及时向社会发布有关循环经济的技术、管理和政策等方面的信息，开展信息咨询、技术推广、宣传培训等。

在重点行业、重点领域、工业园区和城市开展循环经济试点工作。通过试点，提出循环经济发展模式，重大技术领域和重大项目领域，循环经济综合评价指标体系，完善再生资源回收网络和促进再生资源循环利用的法规、政策和措施；提出按循环经济模式规划、建设、改造工业园区以及城市发展的思路；树立先进典型，为加快发展循环经济提供示范和借鉴。在企业全面推行清洁生产，为发展循环经济奠定微观基础。

要组织开展形式多样的宣传培训活动，提高全社会特别是各级领导对发展循环经济重要性和紧迫性的认识，引导全社会树立正确的消费观，鼓励使用绿色产品，抵制过度包装等浪费资源行为，把节能、节水、节材、节粮、垃圾分类回收，减少一次性产品的使用逐步变成每个公民的自觉行为，逐步形成节约资源和保护环境的生活方式和消费模式。

大力开展循环经济的宣传教育，营造公众参与的氛围。观念更新是推进实施循环经济的重要环节，观念深入人心，人们才可能有自觉的行动，同时，观念还具有方法指导的作用。发展循环经济必须得到公众的理解和支持。因此，必须发动社会大众，充分认识环境和资源对可持续发展的严重制约，使全社会充分认识循环经济模式对我国可持续发展的重要性。有必要在我国开展一场发展循环经济的社会动员。发达国家非常重视运用各种手段和舆论传媒加强对循环经济的社会宣传。加拿大蒙特尔甚至将垃圾减量等理念纳入各级学校教育，并利用了广告衫、日历卡、笔记本、公交车等多种载体加强宣传。日本大阪从引导公众减少废弃物的发生、增进反复利用意识等方面入手，鼓励公众参与循环经济。我们充分发挥报纸、电台、电视台、互联网等媒体的作用，采取多种形式广泛开展宣传教育活动，不断强化公众的循环经济观念和参与意识，在全社会营造浓厚的氛围，为发展循环经济打下坚实的思想基础和群众基础。开展循环经济的组织培训工作，动员公众参与循环经济的宣传、教育、推广及监督工作。在中小学中开展国情教育、节约资源和保护环境的教育，组织学生参与循环经济社会实践活动。目前，我国公众参与循环经济的意识和公众参与的广度、深度还不够，应当积极宣传公众参与循环经济的重要性和必要性，大力营造公众参与的社会舆论环境，使

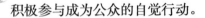

积极参与成为公众的自觉行动。

## 四、鼓励民间组织的建立和开展活动

在发展循环经济中，非营利性的市场中介组织可以起到独特的作用。目前，虽然我国已经建立了一些进行环保宣传的民间组织，但与 14 亿人口的庞大基数相比还是太少了。据中华环保联合会的调查，目前我国共有民间环保组织 2768家。因此，应当重视公众参与的非政府组织、民间团体、中介机构的组建工作，特别要加强对环保非政府组织（NGO）的支持。

要发挥中介组织在连接生产者与消费者之间的纽带作用，建立相关的中介组织和服务制度。中介组织不是指垃圾处理等企业，而是一些具有媒介性质的组织机构。通过中介组织的作用，促进有回收产品和包装废物意愿的企业联成网络，并发布废品回收信息，从而使个人、企业、政府结为一体，加强交流，调剂余缺，推动废物的减量化、资源化和无害化。公众参与也是民主管理的一种方式，随着社会的进步，公众参与的深度和广度都将扩大。因而，公众参与不能只停留在中央和省市的层次上，而是要进一步的进乡村、进社区。要把保护生态环境和节约回收利用资源的民间组织扩展到全国，如果每一个乡村、每一个社区都有类似于"环境议事会"这样的民间团体的话，就会行使执法监督、政策参与和绿色生活的权利，这样才能将公众参与机制落到实处。

要鼓励和支持各种民间组织开展各种环境保护社会监督和公益活动，并与政府建立起友好的伙伴关系。发展各种引导民间生产和消费行为的制度和机制，包括各种环境保护自愿认证制度和自愿协议方式，通过民间各种自愿行动，引导市场供求向着有利于环境保护的方向变化。

## 五、倡导绿色消费，促进绿色生产

绿色消费是指消费者从节约自然资源、保护生态环境以及承担社会责任出发而采用的一种在消费过程中减少资源浪费和防止污染的理性消费方式。组织公众积极参与绿色消费运动，倡导公众树立合理消费、适度消费的观念，在全社会形成健康文明的消费模式。

1.进行绿色意识教育，引导绿色消费行为

所有政策执行效果都和公众的参与密切相关。为了提高循环经济政策的实施效果，需要加强对公众绿色消费意识、资源节约意识、环境保护意识的培养。通过学校教育、培训和大众传媒等方式进行循环经济意识教育，使循环经济成为公众的共识，形成良好的社会氛围，公众自觉按照循环经济的要求安排生产和生活。

消费在经济过程中占有重要的地位，产品或服务只有在被最终消费之后才能真正实现其价值。因此，倡导绿色消费是构建循环经济的重要环节。绿色消费有三层含义：一是倡导消费未被污染或者有助于公众健康的绿色产品；二是在消费过程中注重对垃圾的处理，节约资源和能源；三是注重环保，不造成环境污染，改变公众对环境不宜的消费方式。

倡导绿色消费一方面可以创造新的消费热点，另一方面可以反作用于绿色生产。提倡公众自觉选择包装物较少、耐用和可循环使用的物品，购买和使用节能、节水、再生利用的产品，引导公众减少一次性用品使用，提倡自备购物袋购物。公众应当按照规定分类投放生活垃圾，投放废弃家具、电子仪器、电器及其他大件废旧物品。在引导绿色消费中的一个重要环节是政府应当带头购买经济实用型而又减轻生态环境负荷的产品，客观上能够起到示范作用，对社会公众的消费观念的更新是有力的引导。通过在生活领域提倡3R原则和避免废物产生的原则，把个人的消费行为提升为理性的消费和清洁消费，把消费过程纳入循环系统。

2. 促进绿色生产方式

绿色消费能够驱动发展循环经济的内在动力，其原因是绿色消费的深层作用在于引导和促进绿色生产。消费者选择未被污染或有助于公众健康的绿色消费品，在消费过程中注重对废弃物的处置、节约资源和能源，注重环保、不造成环境污染，等等，所有这些绿色消费观念和绿色消费行为的转变，将导致人类的消费结构发生重大变革，消费结构的改变必将导致社会的生产方式、产业结构、技术结构和产品质量的调整与升级，形成绿色消费需求与经济增长之间的良性循环，从而推动循环经济的发展。

# 结　语

在经济全球化、知识经济时代来临、可持续发展观思想普及的社会经济背景下，环境保护与经济发展成了国际社会普遍关注的两大问题。自近代以来，工业化过程的进展和科学技术的突飞猛进在给人类创造了前所未有大量财富的同时也引发了一系列难以解决的生存和发展的问题，如环境恶化、资源枯竭等。人类文明的发展达到了空前的程度，但人类的行为活动却潜伏着从根本上破坏自身生存环境的可能性。人类从过去种种沉痛的教训中逐渐认识到，长久以来只重视经济效益，忽视生态效益，只追求满足当代人的需求，而不考虑后代人利益的传统发展模式已不能再继续下去了，必须改变思想，实行以良好的生态环境为基础，均衡的经济发展为条件、进步的科学技术为动力、综合的社会效益为目标的可持续发展。生态经济发展要求企业的发展遵循生态化可持续发展要求，以循环经济模式为主导，满足时代发展的现实需求。

通过本书的研究，不仅为企业实施循环经济价值链的内部优化和再造提供了指导，而且为企业的循环经济外部价值链的延伸提供了指南。更为重要的是，本书明确指出了企业通过循环经济价值链管理的实施如何使企业获得成本领先竞争优势和差异化竞争优势，这就为企业实施循环经济价值链管理的实践意义提供了具有建设性的论证，为企业开展循环经济价值链管理活动提供了动力和方向。随着经济发展的集约化和和谐化趋势的深入，中国企业在新的发展条件下，如何连接价值链并找准自己在价值链上的位置，通过价值链分析以确定企业自身的发展战略，获取超额的价值，并提升企业的竞争力和获取竞争优势，是企业的新课题。而本书对于适合发展循环经济的企业，无疑为其开发出了一种崭新的生产理念和运营思路，对于我国大部分企业实施循环经济价值链管理都具有现实指导意义。

# 参考文献

[1] 吴佚.《循环经济促进法》实施问题研究 [D]. 长沙：湖南师范大学，2012.

[2] 王薇. 论我国循环经济法律制度的完善 [D]. 宁波：宁波大学，2012.

[3] 申文.《循环经济促进法》法律责任研究 [D]. 兰州：甘肃政法学院，2011.

[4] 武牌. 论我国循环经济法律制度的完善 [D]. 大连：东北财经大学，2010.

[5] 朱鹤. 我国循环经济立法问题研究 [D]. 沈阳：东北大学，2008.

[6] 何帅. 广西南宁市《循环经济促进法》实施状况调研报告 [D]. 桂林：广西师范大学，2012.

[7] 郭志群.《循环经济促进法》在桂林实施情况调查报告 [D]. 桂林：广西师范大学，2012.

[8] 戴玫.《循环经济促进法》执行现状的调研报告 [D]. 桂林：广西师范大学，2012.

[9] 王国印. 论循环经济的本质与政策启示 [J]. 中国软科学，2012（1）：21-25.

[10] 王健华. 基于循环经济的成本核算模式构建研究 [J]. 财会研究，2011（7）：26-38.

[11] 张晴. 基于循环经济的企业成本控制 [J]. 现代经济信息，2010（12）：67-68.

[12] 周航，高岩. 循环经济模式下的环境成本及价值链重构 [J]. 研究商业经济，2011（1）：80-82.

[13] 段学慧. 经济利益驱动机制：循环经济发展的根本动力——基于马克思主义利益观的分析 [J]. 现代财经，2012（9）：3-10，50.

[14] 查利曼. 循环经济下我国石化企业价值链优化问题探析 [D]. 南昌：江西财经大学，2014.

[15] 韩玉，李红云，等. 基于"四化同步"的河北省农业现代化发展探讨 [J]. 山西农业科学，2013（8）：28-29.

[16] 高利娟，敬采云. 基于循环经济价值链的生产型企业环境成本控制 [J]. 商业会计，2016（2）：25-28.

[17] 王琳，肖序. 生态工业园循环经济价值链测度与优化研究 [J]. 求索，2013（1）：5-8.

[18] 袁丽静 . 价值链视角下的循环经济技术创新机制及其政策研究 [J] 宏观经济
研究，2013（9）：71-76.

[19] 王碧霞 . 低碳经济视域下企业战略成本管理探析 [J]. 中国管理信息化，2015，
18（8）：16-17.

[20] 邹武平 . 面向战略性新兴产业的企业成本管理方法探究 [J]. 经济论坛，
2014：127-130.

[21] 康思达 . 循环经济导向的企业成本管理策略研究 [J]. 现代商业，2016（5）：
97-98.

[22] 张继德，赵亚楠 . 企业战略成本管理在我国应用的现状、问题和对策 [J]. 会
计之友，2014（26）：122-125.

[23] 马燕 . 基于价值链分析的企业成本控制与管理研究 [J]. 财经界（学术版),2014
（1）：50-52.

[24] 徐元元 . 宏观公益性医疗改革探索与微观医疗服务机构应对举措：基于公立
医院战略成本管理的视角 [J]. 会计研究，2014（12）：46-52，96.

[25] 王娟 . 制造业战略成本管理方案研究 [J]. 财会通讯，2012（10）：124-125.

[26] 杨君杰，代大胜 . 村庄规划的反思与对策：以云南省村庄规划为例 [J]. 华中
建筑，2012（6）：113-115.

[27] 迈克尔·波特 . "向善"的路径选择 [J]. 商界（评论），2012（10）：96-97.

[28] 朱立志 . 价值链条是循环经济有效运行的保障 [J]. 农经，2015（6）：79.

[29] 段金廒，张伯礼 . 基于循环经济理论的中药资源循环利用策略与模式探讨 [J].
中草药，2015（12）:1715-1722.

[30] 段金廒 . 中药废弃物的资源化利用 [M]. 北京：化学工业出版社，2013.

[31] 杨毅，田侃，田虹 . 循环经济视角下中药资源外源性污染问题研究 [J]. 中国
中药杂志，2016（8）：2938-2941.

[32] 赵华勤，张如林，等 . 城乡统筹规划：政策支持与制度创新 [J]. 城市规划学
刊，2013（1）：50-52.

[33] 王国印 . 论循环经济的本质与政策启示 [J]. 中国软科学，2012（1）：26-38.

[34] 张红霞，张学东，方冠群 . 论传统乡村秩序和现代农村社会管理体系的冲突
与融合 [J]. 农业现代化研究，2013（5）：573-576.

[35] 刘颂 . 基于景观生态学的村落景观格局优化研究——以山东省广饶县大王镇
为例 [J]. 风景园林，2013（4）：98-102.

[36] 刘新静 . 城镇化进程中我国传统农村的转型及新农村建设研究 [J]. 学术界，
2013（3）：22-30.

[37] 周锐波，甄永平，李郇 . 广东省村庄规划编制实施机制研究：基于公共治理

的分析 视角 [J]. 规划师，2011（10）：76-80.

[38] 唐相龙 . 日本乡村建设管理法规制度及启示 [J]. 小城镇建设，2011（4）：100-104.

[39] 姚龙，刘玉亭 . 乡村发展类型与模式研究评述 [J]. 南方建筑，2014（2）：44-50.

[40] 周岚，于春 . 乡村规划建设的国际经验和江苏实践的专业思考 [J]. 国际城市规划，2014（6）：1-7.

[41] 柳兰芳 . 从"美丽乡村"到"美丽中国"：解析"美丽乡村"的生态意蕴 [J]. 理论月刊，2013（9）：72-77.

[42] 李欣鹏 . 城乡一体化与城乡同质化思辨：城镇化背景下对乡村建设的思考 [J]. 规划师，2013（32）：32-35.

[43] 卢现祥，朱巧玲 . 新制度经济学 [M].2 版北京：北京大学出版社，2012.

[44] 王立民 . 中国金融发展报告（2018）[M]. 北京：社会科学文献出版社，2018.

[45] 中国人民银行金融消费权益保护局 . 金融知识普及读本 [M]. 北京：中国金融出版社，2014.

[46] 杰弗里·M·伍德里奇 . 计量经济学导论现代观点 [M].5 版北京：中国人民大学出版社，2017.

[47] 高铁梅 . 计量经济分析方法与建模：Eviews 应用及实例 [M].3 版北京：清华大学出版社，2018.

[48] 韩保江 . "供给侧结构性改革"的政治经济学释义：习近平新时代中国特色社会主义经 济思想研究 [J]. 经济社会体制比较，2018（1）：10-18，76.